DAS FLEISCH

Wissenswertes rund ums Fleisch

Von A wie Aufzucht bis Z wie Zubereitung – umfassende Informationen von 28 Fachautorinnen und -autoren.

Mit Rezepten von 20 prominenten Schweizer Sportlerinnen und Sportlern und integrierter CD-ROM.

IMPRESSUM BUCH UND CD-ROM

Herausgeber/ Copyright	Proviande «Schweizer Fleisch» Finkenhubelweg 11, CH-3001 Bern
ISBN-Nr.	3-909532-10-1
Auflage	4 000 Exemplare deutsch, Herbst 2004 1 000 Exemplare französisch, Herbst 2004
Druck	Benteli Hallwag AG, CH-3084 Wabern
Konzept, Gestaltung Realisation, Verlag	Weber AG Verlag CH-3645 Thun/Gwatt

Markus Zemp, Präsident Proviande

Vorwort

Über kaum ein anderes Nahrungsmittel wird so viel diskutiert wie über Fleisch, kaum ein anderes Nahrungsmittel ist mit so viel Tradition und Mythen verbunden und kaum ein anderes Nahrungsmittel hat einen solchen Wertewandel durchgemacht wie Fleisch. Als Grundübel verschiedener Leiden und Risiken gebrandmarkt, geniesst es trotzdem eine hohe Wertschätzung. Als Mittelpunkt mancher Mahlzeit nimmt Fleisch in unserer Ernährung einen besonderen Platz ein und gilt als Synonym für Genuss. Um zu geniessen, braucht es aber Vertrauen. Und Vertrauen gewinnt man durch Wissen und Information. In diesem Sinne möchte Proviande, die Branchenorganisation der Schweizer Fleischwirtschaft, mit dem Buch «DAS FLEISCH» Vertrauen schaffen. Spezialisten aus der Branche kommen zu Wort und geben wichtige und nützliche Hintergrundinformationen rund ums Thema Fleisch. Sie zeigen wirtschaftliche Zusammenhänge auf, äussern sich zu kritischen Punkten in der Nutztierhaltung und dem Tierschutz und scheuen sich nicht, Sachverhalte aufzugreifen, die immer wieder zu Diskussionen Anlass geben.

«DAS FLEISCH» schafft aber nicht nur Vertrauen, es schenkt auch Genuss. Dem Fleisch in der Ernährung und dessen Zubereitung wird ein zusätzliches Kapitel gewidmet. Rezepte von 20 bekannten Sportlerinnen und Sportlern aus der Schweiz laden zum Kochen und Geniessen ein.

Mit «DAS FLEISCH» ist ein Buch entstanden, welches als Nachschlagewerk, als Lehrbuch, als Kochbuch oder einfach als interessante Lektüre zum besseren Verständnis vieler Zusammenhänge und damit zum Vertrauen ins Nahrungsmittel Fleisch beiträgt.

Inhalt

Das Fleisch

Die Geschichte vom Fleisch

Vom Mammut zum Big Mac

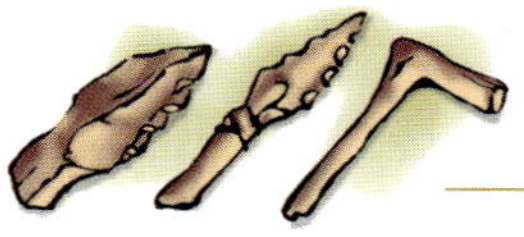

Vom Mammut zum Big Mac

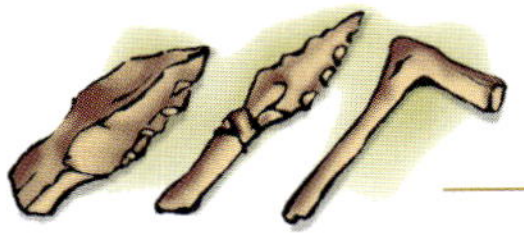

Die Geschichte vom Fleisch

Wer über die Geschichte des Fleisches schreibt, stösst auf einen Zwiespalt: Der Mensch isst gern, woraus er selbst besteht: Fleisch! Dazu muss er andere Lebewesen töten – ein Akt, dessen beunruhigende Faszination er in Ritualen zu verdrängen versucht. Im Verlaufe ihrer Geschichte haben die Menschen diese Rituale ständig verfeinert. Anthropologen sehen heute in der Fleischnahrung einen entscheidenden Faktor der Menschwerdung. Zum Fleisch kamen die ersten Menschen durch die Jagd. Es waren die Männer, die mit Knochenkeulen, Holzspeeren und später mit Steinspitzen sowie mit Pfeil und Bogen Tiere jagten – zu Beginn vor allem Rentiere, Bären und Mammuts. Auch im Umfeld der Jagd entstanden Riten. Die Rangordnung in der Stammesgruppe zum Beispiel spiegelte sich in der Verteilung der Jagdbeute. Das Braten der Jagdbeute über dem Feuer erlaubte auch Kindern und Alten, dieses hochwertige Nahrungsmittel zu geniessen.

URGESCHICHTE: BEGINN DER DOMESTIZIERUNG

Bodenfunde zeugen ab der mittleren Altsteinzeit (100 000–50 000 v. Chr.) von einem veränderten Umgang mit den Skeletten der Beutetiere. Bärenschädel wurden in die Höhle mitgenommen und dort aufgetürmt. Erste Felsmalereien des «Homo sapiens» zeigen Tiere und Jagdszenen. Das gemeinsame Verzehren des Fleisches und das Dank- und Opferfest danach waren wohl Sternstunden für das Gemeinschaftsgefühl der Stammesgruppe.

Am Ende der letzten Eiszeit (um 10 000 v. Chr.) liessen sich die Menschen in den fruchtbaren Ebenen der grossen Ströme nieder. Der Hund, den sie als Jagdgefährten schon in der Mittelsteinzeit gezähmt hatten, begleitete sie. Das mildere Klima erlaubte den Übergang zur Sesshaftigkeit und zur Domestizierung jener Tiere, die sie zuvor gejagt hatten: Rinder, Schweine, Schafe, Ziegen und Hühner.

Die Domestizierung des Rindes scheint sich von Zentralasien aus nach Persien, Mesopotamien und Indien ausgebreitet

von Giorgio Girardet,
Historiker, Wolfhausen

zu haben. Das Rind bekam eine wichtige Funktion als Zugtier, Milch- und Lederlieferant. Der Stier, das Symbol der Kraft und der Fruchtbarkeit, spielte in allen frühen Religionen eine herausragende Rolle.

Das Schwein gehörte in der Jungsteinzeit zum festen Haustierbestand aller bekannten Völker – von den Schweizer Pfahlbauern bis zu den Völkern des Vorderen Orients. Bis zum Ende des Altertums blieb es der wichtigste Fleischlieferant. Das Schaf wurde in Afrika, im Mittelmeerraum und in Asien aus verschiedenen Wildrassen gezähmt.

Die Ziege war schon in der Jungsteinzeit domestiziert, galt aber wegen ihrer Launenhaftigkeit, Anfälligkeit für Krankheiten und wegen geringer Fleischigkeit als Nahrung des kleinen Mannes. Ihre Milch hingegen wurde schon sehr früh geschätzt und auch zu Käse verarbeitet. Das Fleisch des Ziegenkitzes war selbst den sonst vegetarisch lebenden Pythagoräern erlaubt.

Erst im 7. Jahrhundert v. Chr. gelangte das Huhn von China über den Iran nach Griechenland, von wo aus es danach schnell den Mittelmeerraum eroberte.

ANTIKE: WELT DES OPFERS

Aus verstreuten Hinweisen antiker Texte rekonstruierte der Altphilologe Walter Burkert den klassischen Ablauf eines Stieropfers in der griechischen Frühzeit. «Der sorgsam ausgewählte Opferstier wird geschmückt, von der singenden Opfergemeinde begleitet, aus der Siedlung hinaus zum Altarstein geführt. Eine Jungfrau geht voran. Am heiligen Ort waschen alle die Hände im mitgebrachten Wasser. Ein letztes Mal wird der Stier getränkt. Nach kurzem Innehalten und Gebet bewerfen alle Tier, Altar und Erde mit Gerstenkörnern. Der Priester schneidet dem Stier ein Büschel Stirnhaare ab und wirft sie ins Feuer auf den Altar. Dann führt er den tödlichen Streich in die Kehle. Das gellende Wehgeschrei der Frauen übertönt das Todesröcheln des Tieres. Die Eingeweide werden herausgetrennt, das Herz – oft noch zuckend – in das Feuer geworfen. Die übrigen Eingeweide werden kurz angebraten und vom engsten Kreis der Opfernden sofort verzehrt. Haut und Knochen werden ins reinigende Feuer geworfen und dem Gott ‹zurückgegeben›. Der Stierschädel bleibt als Beweis zurück.»

Auch die römischen Viehzüchter kannten entsprechende Rituale. Der römische Bauer begann das Jahr, indem er Lamm, Ferkel und Kalb um seine Felder führte und sie anschliessend opferte. Die Abgeordneten der unterworfenen «Bundesgenossen» hatten Anrecht auf ein Stück vom jährlichen Stieropfer für Iuppiter Latiaris. In der Kaiserzeit tolerierten sie alle Religions-

gemeinschaften, die dem Kaiser jährlich ein Schaf opferten, was die Christen verweigerten.

Seit der Kaiserzeit gab es gewerbliche Grossmetzgereien in Rom, welche die Millionenstadt versorgten.

Neben dem Fleisch stand den Römern zusätzlich die ganze Palette des Nahrungsangebotes des Mittelmeerraumes zur Verfügung. Die unter dem Namen «Kochkunst des Apicius» überlieferte Rezeptsammlung eröffnet uns einen detaillierten Einblick in die Küche des alten Roms. So mästete der kaiserliche Hofkoch, um den Geschmack der Schweineleber zu optimieren, die Tiere mit gedörrten Feigen (fica) und tränkte sie kurz vor der Schlachtung mit Honigwein. «Fegato» (von lat. «ficatum», gefeigt) heisst darum noch heute die Leber auf Italienisch. Zum kulinarischen Repertoire der römischen Küche gehörten auch Hasen, Wildschweine, Rehe, Hirsche, Wildschafe, Ziegen, Kälber und Rinder sowie die üppige Zubereitung von reichhaltigen Saucen und Würsten.

Nachdem sich Kaiser Konstantin im Jahre 313 zum Christentum bekehrt hatte, wurden die Opferrituale allmählich abgeschafft. Das Christentum kannte keine Tieropfer mehr. Es wurde von allen Religionen, die Tieropfer kannten, bekämpft. Die ersten Christen lebten bewusst (lat. conscius = dt. keusch) nach der Regel, am Freitag auf Fleisch zu verzichten und vor wichtigen Festtagen zu fasten. Bis zur Osternacht war eine vierzigtägige Fastenzeit mit Fleischabstinenz einzuhalten.

MITTELALTER: FLEISCH ALS PRIVILEG

Nach dem Zusammenbruch der Geldwirtschaft des römischen Reiches entstand mit dem Feudalismus (feo = Vieh, Vermögen) ein Herrschaftssystem, in dem der König seinen adligen Gefolgsleuten als Dank für deren Dienst Naturalabgaben von Bauern als Lohn zuwies (Lehen). Jährliche Abgaben von Hühnern, Eiern, Schweinen, Rindfleisch, Korn und Wein waren von den Bauern ihren bewaffneten Herren für Schutz und Rechtssicherheit zu leisten.

Die Jagd stand einzig dem Adel zu. Die Jagdbeute liess der Adel zur «Herrenspeise» verarbeiten. Vorwiegend Hirsebrei und Mus war die schlichte «Bauernspeise». Nur an hohen Festtagen, im Herbst und Frühwinter, wenn sich die Speicher leerten, kam Fleisch (meist Schwein) auf den Tisch.

An Ostern wurde die erste Hostie eingenommen und das erste Fleisch, in der Regel Lamm oder Ziege, anschliessend an die Ostermesse im Familienkreis genossen. Bis Pfingsten standen Milchfleisch und Schmalvieh auf dem Speisezettel. Zum Pfingstfest wurde der «Pfingstochse» geschmückt, um das Dorf geführt, als wäre er ein Opfertier, geschlachtet und von der Dorfgemeinde verzehrt. In den Städten waren die Metzger ab Pfingsten verpflichtet, Rindfleisch auszumetzgen. Dieses war aber nur für reiche Handwerker und Kaufleute erschwinglich.

Mit Michaeli (29. Juli), dem Fest des drachentötenden und seelenwägenden Erzengels, begann die Zeit der Schlachtungen auf den Höfen und in den Dörfern. Vor Wintereinbruch reduzierten die Bauern in «Metzgeten» ihre Viehbestände. Schinken wurden geräuchert, Schweinefleisch eingepökelt oder zu Würsten verarbeitet. An Martini (11. Nov.) war der Grossteil der Feudalabgaben (Schinken, Schweine, Hühner, Rinder, Korn und Wein) fällig. Die Martinsgans erinnert noch heute an die Festlichkeiten. Es folgte der Advent, der eigentlich als Fastenzeit auf Weihnachten vorbereiten sollte. An Thomä (21. Dez.) erhielten die Zürcher Chorherren ein Schwein von ihren Höfen und am Weihnachtstag wurde reichlich Fleisch genossen – ebenso in den folgenden zwölf Raunächten bis zum Dreikönigstag (6. Jan.). Höhepunkt bildeten Neujahr (1. Jan.) und der Berchtoldstag (2. Jan.), der in der Eidgenossenschaft mit ausgedehnten Mählern begangen wurde. Bis zur Fastnacht mussten nun die Fleischvorräte klug eingeteilt werden. Vor Beginn der Fastenzeit am Aschermittwoch stärkte man sich noch einmal tüchtig mit den verbliebenen Würsten, Pökelfleisch und Schinken, um dann 40 Tage bis Ostern auf tierisches Eiweiss zu verzichten. Nur alte Menschen, Schwangere und Schwerstarbeiter durften werktags Butter, Milch, Eier und rotes Fleisch geniessen. Die Karwoche war voller religiöser Erregung, bis nach dem Ostergottesdienst der erste Braten wieder wunderbar schmeckte. Um die Christengemeinde auch unter dem Jahr an Busse und Umkehr zu erinnern, waren die Quatember eingefügt worden. Nach Invocavit (6. Sonntag vor Ostern), Pfingsten, Kreuzerhöhung (13. Sept.) und Luziä (13. Dez.) wurde am Mittwoch, am Freitag und am Samstag gefastet. Gleichzeitig waren die Quatember Zahlungstermine.

von Giorgio Girardet,
Historiker, Wolfhausen

FASTEN- UND FLEISCHZEITEN IM KIRCHENJAHR

Rekonstruktion der Fleisch- und Fastentage wie sie sich aus dem kanonischen Kirchenrecht und vorreformatorischen Metzgerordnungen ergibt.

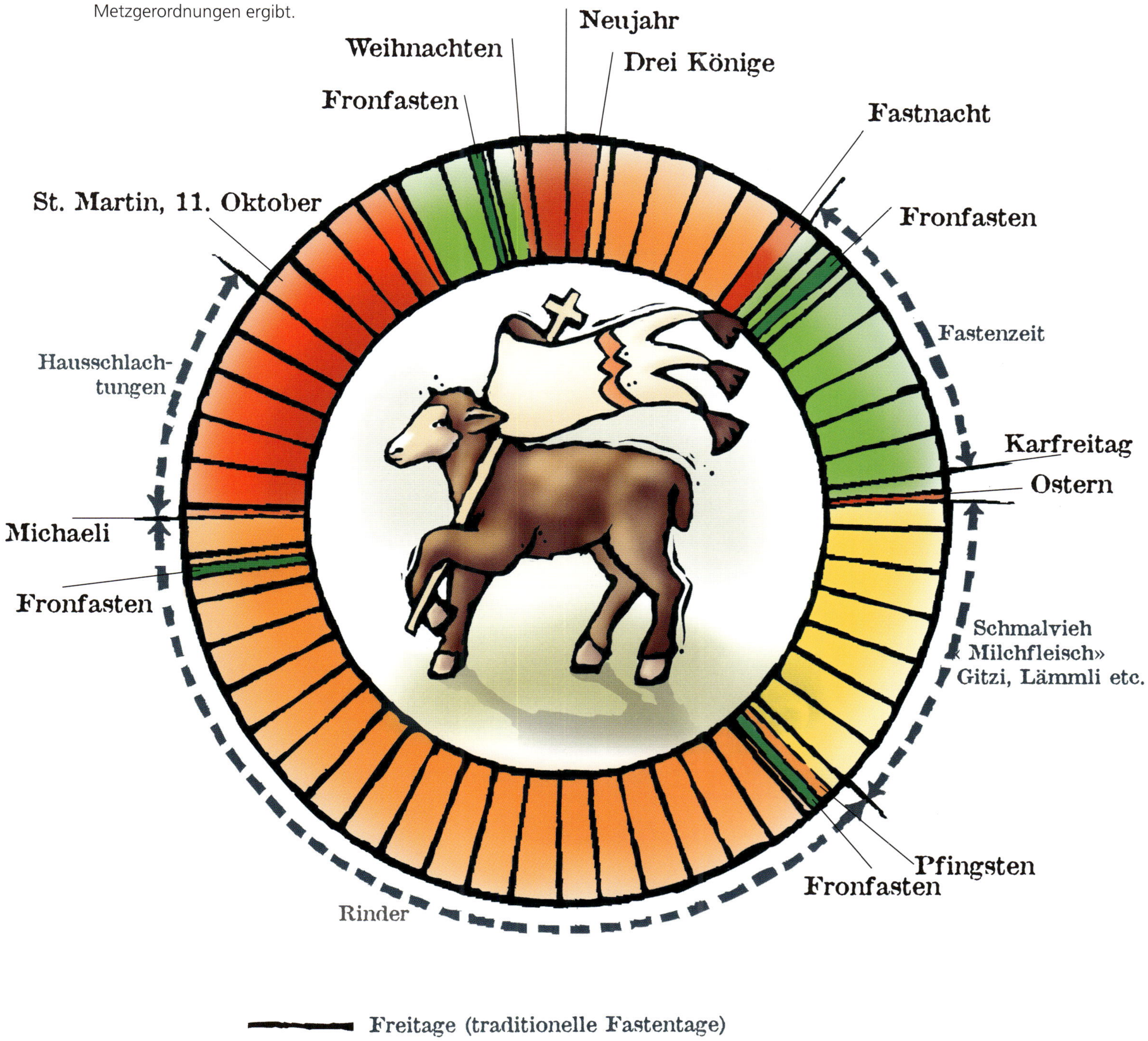

Zusammenstellung: Giorgio Girardet

Vom Mammut zum Big Mac

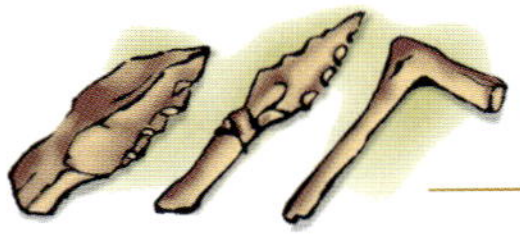

Die Geschichte vom Fleisch

NEUZEIT: FLEISCH ALS WARE UND GENUSSMITTEL

Im 13. Jahrhundert begann sich die lehensrechtliche Gesellschaftsordnung aufzulösen. Sie ging in die Geldwirtschaft und ein kapitalistisches Wirtschaftsdenken über. Um Klarheit in den Tausch von Geld und Fleisch zu bringen, verordnete der Zürcher Rat 1405 seinen Metzgern, den Verkauf von Fleisch ab sofort mit der Waage zu tätigen. Das Fleisch war nicht mehr Gabe unter Christen, sondern Ware für Bürger. Dies demonstrierte der junge Zürcher Leutpriester Zwingli im Frühjahr 1522, indem er einen Drucker nicht daran hinderte, seine zwölf Gesellen während der Fastenzeit mit Wurst zu stärken. Zwinglis Rechtfertigung des Fastenbruchs vor dem Zürcher Rat markiert den Beginn der Zürcher Reformation. Mit ihr verschwanden aus den reformierten Landesteilen das Messopfer mit der Wandlung der Hostie, die Heiligenbilder, das Fronleichnamsfest und die Verpflichtung zur Fleischabstinenz.

Bei den üppigen Fastnachts- und Berchtoldstagsschmäusen in den Gesellschafts- und Zunftstuben durfte das Fleisch nicht fehlen. Aber auch Taufe und Hochzeit waren willkommene Anlässe, Fleisch gemeinsam zu geniessen. Die zünftigen Metzger aller Städte und Landschaften – ob katholisch oder reformiert – wetteiferten um die fettesten Schüblige und saftigsten Schinken, die längsten Würste und würzigsten Schlauchbraten. Sie wussten ganze Ochsen am Spiess zu braten. Der Mann von Welt aber bewies sich, indem er beim Bankett grosse Fleischstücke fachgerecht aufschnitt und verteilte. Das Handwerk des Metzgers blühte auf. Das Ausholen mit der Mordaxt zum betäubenden Schlag zwischen die Hörner des Ochsen wurde zum beliebten Emblem des Metzgerhandwerks, zu seiner «typischen Handbewegung», zum «Label» für christliches Rindfleisch.

AUFKLÄRUNG UND INDUSTRIALISIERUNG: GEWERBEFREIHEIT FÜHRT ZU KONKURRENZ

Eine neue Zeit hatte neue Ziele: Veredlung des Menschen und Hygiene. Alles Rohe sollte aus dem Gesichtskreis zivilisierter und kultivierter Menschen verbannt werden, so auch die Schlachthäuser der Städte, die nach der Französischen Revolution und als Folge verheerender Typhusepidemien in den 1830er-Jahren aus der Stadt entfernt wurden. Der Geruch von Mist und Schlachtabfällen und die Todesschreie der Tiere mussten an den Stadtrand weichen.

Die Gewerbefreiheit – 1874 in der Bundesverfassung verankert – befreite die Metzger von Zunftzwang und alten Regelungen. In dieser Umbruchszeit liess sich die elsässische Metzgerfamilie Bell in Basel nieder. Als 1869 die alte Scholen (Fleischhallen) in Basel einem modernen Schlachthaus mit freien Verkaufslokalen weichen musste, fühlte sich die Basler Metzgerzunft im Berufsstolz getroffen. Die Bells aber positionierten sich unsentimental an einer günstigen Verkehrslage.

Der Sonntagsbraten war Inbegriff bürgerlichen Wohlstandes. Fabrikarbeiter kannten vielfach nur die Wurst in der Suppe. Hühner- und Kaninchenzucht in den kleinen Vorgärten ihrer Siedlungen schuf Abhilfe. «Protein» (das Erste) nannte 1842 der Chemiker Justus von Liebig (1803–1873) das Muskelfleisch, das er für die Ernährung als besonders wertvoll erkannte. Um auch Haushalte, in denen niemand Zeit für das Kochen fand, mit Proteinen zu versorgen, entwickelte er den Fleischextraktwürfel. Die

von Giorgio Girardet,
Historiker, Wolfhausen

Kraft brasilianischer Rinder wurde aus dem Fleisch extrahiert und in einem Pulver konzentriert, das leicht halt- und handelbar war. Das Fleisch amerikanischer Mastrinder hingegen kam als Corned Beef in der Konservendose nach Europa, wo es zum trendigen Nahrungsmittel picknickender Mittelschichten wurde.

Konkurrenz hiess nun das Zauberwort der neuen Zeit. Ab 1870 entstand dank Eisenbahnen, Dampschiffen und Telegrafenkabel in einer ersten «Globalisierung» ein Weltmarkt, was die nationalen Bauernverbände sofort veranlasste, nach Schutzzöllen gegen billige Agrarimporte aus Übersee zu rufen.

1872 gelang es, mit Kühlmaschinen Frischfleisch zu gefrieren. Neuseeland und Australien lieferten ab 1888 mit Kühlschiffen Fleisch nach England. Der «Wilde Westen» wurde in kurzer Zeit vom Weideland für die Büffelherden der Indianer zum Aufzuchtgebiet englischer Fleischrassen. In Chicago entstanden die ersten industriellen Grossschlachthöfe, wo die Rindertrecks und Viehzüge aus den Weiden und Mastbetrieben des Westens und des Südens in riesigen Pferchen endeten. Sie lieferten das Material für Schlachtstrassen, die rund um die Uhr arbeiteten. Als 1891 in der Schweiz erstmals der 1. August als Nationalfeiertag gefeiert wurde, fehlten auch die Würste nicht.
Die Landwirtschaft konnte mit der wachsenden Fleischnachfrage nicht mehr Schritt halten und auch der Import aus den Nachbarstaaten verteuerte sich. Die Metzgermeister – noch ungeübt in der Kalkulation – erhöhten ihre Preise massiv, was zu Protesten von Menschen mit einem niedrigen Einkommen führte. Sie reagierten in Basel mit einem Boykott.

OSTERLAMM ALS SCHAUGERICHT
Das gehäutete Osterlamm wird mit Spiessen auf einem Brett stehend fixiert, im Ofen gebraten und anschliessend mit Eiern begossen. Butter durch ein Tuch gepresst ergibt ein neues, krauses «Wollkleid».

AM ANFANG WAR DAS RIND
Das phönizische Bildzeichen für Rind 𐤀 wurde sowohl im hebräischen (א Aleph) als auch im griechischen (α alpha) und später im lateinischen (A) «Alpha»-bet zum ersten Lautzeichen.

Vom Mammut zum Big Mac

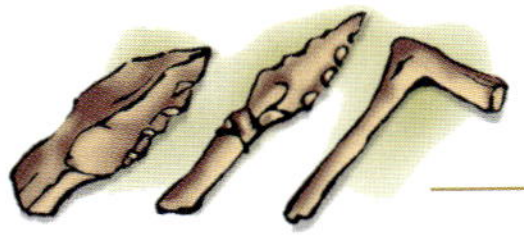

Die Geschichte vom Fleisch

20. JAHRHUNDERT: HAMBURGER MACHEN FLEISCH POPULÄR

Nach langem Zögern öffnete der Bundesrat 1910 den Markt für Gefrierfleisch und sofort begann in Basel der «Allgemeine Consumverein» in seiner Grossschlächterei argentinische Rinderhälften auszumetzgen. 1914 übernahm der schweizerische Dachverband der Konsumvereine (heute Coop) heimlich die Aktienmehrheit an der grössten schweizerischen Metzgerei Bell. Die Allianz zwischen der Arbeitergenossenschaft und der grössten europäischen Fleisch-Aktiengesellschaft zeigte, dass sich Genossen und Kapitalisten in einem einig waren: Fleisch musste für alle erschwinglich sein.

Den US-Rinderkonzernen gelang es 1946, den «Hamburger» als «Hackfleischfladen, der kein anderes Fleisch oder Fett enthält als Rindfleisch und Rinderfett» gesetzlich zu schützen. So konnte billiges, mageres Rindfleisch von australischen und südamerikanischen Weiderindern mit dem überschüssigen Fett der teuren US-Mastrinder vermischt und verkauft werden. Ray Kroc (1902), der Gründer der McDonalds-Kette, rationalisierte und standardisierte ab 1956 Herstellung, Vertrieb, Zubereitung und Verkauf des Hamburgers in seinen Restaurants. 1989 wurde der erste «McDonalds» auf dem Roten Platz in Moskau eröffnet und von der russischen Bevölkerung förmlich überrannt. Der Big Mac symbolisierte für sie «freie Marktwirtschaft» und «westliche Demokratie».

GEGENWART: ÖKOLOGIE, GESUNDHEIT UND TIERSCHUTZ

Die Erdölkrise von 1973 schärfte das Bewusstsein für die «Grenzen des Wachstums». Der Pro-Kopf-Verbrauch von Fleisch stagnierte und ging zurück. Es wurde bekannt, dass ein Drittel der Weltgetreideproduktion in Mastbetrieben verfüttert und nur ein Zehntel des Nährwertes schliesslich zu Fleisch «veredelt» wird. Und dies vor dem Hintergrund des Hungers in der Welt. «Das Vieh der Reichen frisst das Getreide der Armen» brachte die «Erklärung von Bern» in den Siebzigerjahren den Tatbestand auf den Punkt. Gleichzeitig wurde das tierische Fett von der modernen Ernährungslehre für Zivilisationskrankheiten verantwortlich gemacht. Dazu kamen Meldungen über Antibiotika- und Hormonrückstände im Schweine- und Hühnerfleisch. Die Konsumenten wurden verunsichert und riefen den Tierschutz auf den Plan, der die Qualen in den «Tierfabriken» geisselte.

Das neue, 1979 vom Schweizervolk angenommene Tierschutzgesetz verbesserte die nicht immer vorbildlichen Zustände in der Tierhaltung deutlich. Der vermutete Zusammenhang des Rinderwahnsinns (BSE) mit der Creutzfeldt-Jakob-Krankheit beim Menschen liess den Konsum von Rindfleisch in den Neunzigerjahren einbrechen. Die Ver-

von Giorgio Girardet,
Historiker, Wolfhausen

fütterung von schlecht sterilisiertem Tiermehl und der «Kannibalismus», zu dem die Masttiere gezwungen wurden, zerstörten das Vertrauen der Konsumenten in das Rindfleisch spürbar.

Die Fleischproduzenten sind heute sehr darauf bedacht, mit klaren Herkunftsdeklarationen, Transparenz und neuen Labels das Vertrauen der Konsumentinnen und Konsumenten zurückzugewinnen. ■

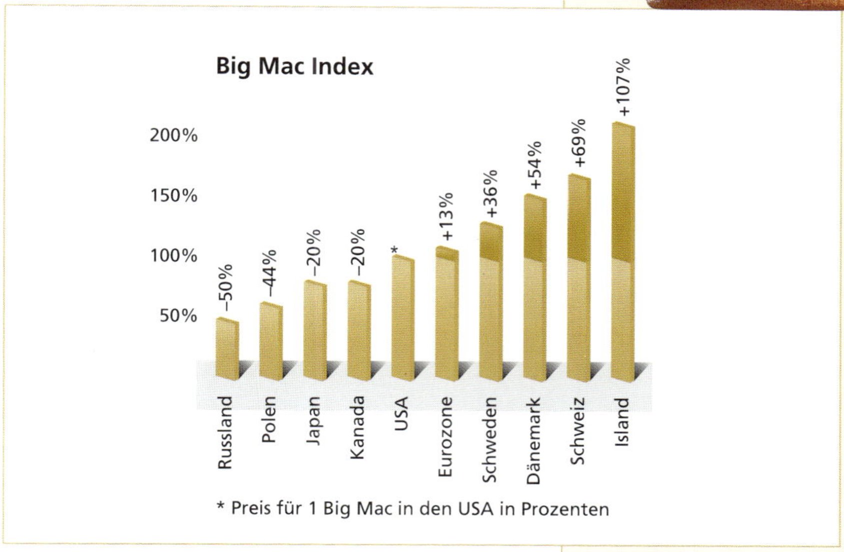

Quelle: «The Economist»

DER BIG MAC INDEX

Der Big Mac Index, den der «Economist» schon seit 1986 berechnet, basiert auf einer nicht ganz bierernsten, vielmehr leicht bekömmlichen Anwendung der so genannten Kaufkraft-Paritäten-Theorie. Laut dieser Theorie müssten identische und handelbare Güter eigentlich überall ungefähr gleich viel kosten: Mass aller Dinge ist der Preis des Big Mac in den USA in US-Dollar. Zur Berechnung der Über- oder Unterbewertung einer Währung gegenüber dem Dollar vergleicht der «Economist» den Kaufpreis eines Big Mac in lokaler Währung mit dem derzeitigen Durchschnittspreis in Amerika.

Die Nutztiere
Arten und Haltung

Das Rind

Die Nutztiere

Die Schweiz ist aufgrund der topografischen Verhältnisse ein ausgesprochenes Grasland. Die Viehhaltung hat daher traditionell einen hohen Stellenwert, wobei die Rindviehzucht mit den Hauptprodukten Milch und Fleisch eine Vorrangstellung einnimmt. Rund 70 Prozent der Endproduktion der Landwirtschaft stammen aus der Tierproduktion, davon wird die Hälfte mit Rindvieh (Milch, Fleisch, Viehexport) erwirtschaftet.

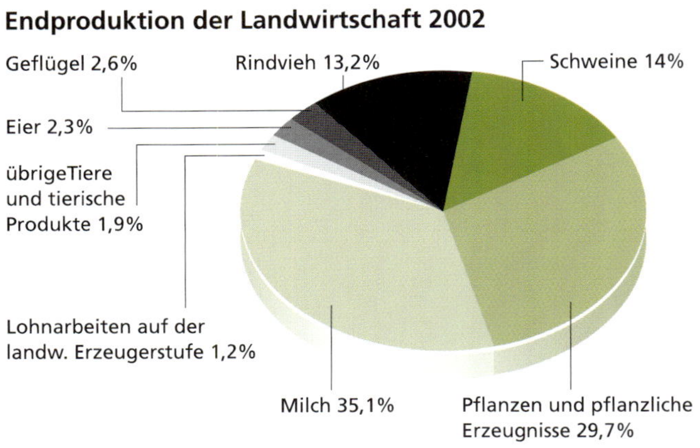

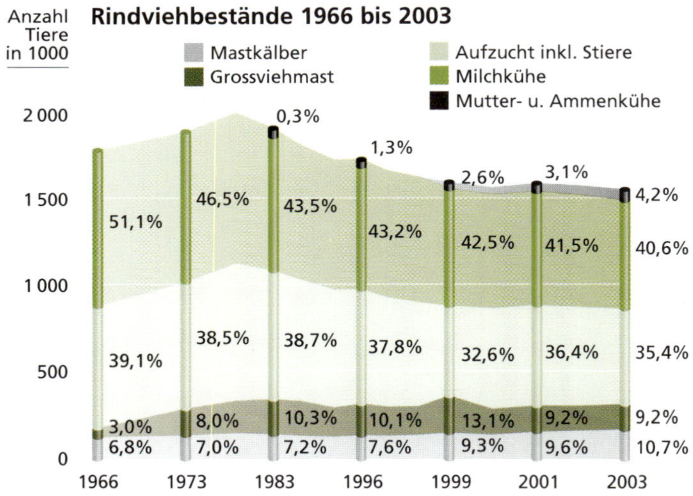

Quelle beider Grafiken: Schweizerischer Bauernverband (SBV)

BEDEUTUNG

Der überwiegende Anteil des in der Schweiz produzierten Rind- und Kalbfleisches fällt als Koppelprodukt aus der Milchproduktion an. Bedingt durch die Milchkontingentierung und die Steigerung der Milchleistung, ging der totale Rindviehbestand in der Schweiz laufend zurück. Obschon auf Schweizer Landwirtschaftsbetrieben immer mehr Mutter- und Ammenkühe gehalten werden, die ausschliesslich der Fleischproduktion dienen, vermochte dies den Rückgang der Milchviehpopulation nicht zu kompensieren. Die Rindfleischproduktion war insgesamt rückläufig. Diese Entwicklung wurde verstärkt durch eine Veränderung beim Fleischkonsum, der beim Rindfleisch pro Kopf von 13,52 Kilogramm (1990) auf 10,15 Kilogramm (2003) (Verkaufsgewicht) zurückging.

Die Schweiz könnte ihren Bedarf an Rindfleisch selber decken. Basierend auf den WTO-Verträgen muss jedoch jährlich eine Mindestquote von 22 500 Tonnen rotem Fleisch (Rind, Lamm, Pferd und Gitzi) für den Import freigegeben werden. Um bei saisonalen Angebotsspitzen keine Preiszusammenbrüche auszulösen, wird ein Selbstversorgungsgrad zwischen 90 und 95 Prozent angestrebt.

Im Jahr 2003 verteilte sich der Gesamtbestand von 1 564 900 Tieren auf 642 700 Milchkühe und 64 400 Mutter- und Ammenkühe. Zur Schlachtung gelangen 378 100 Stück Grossvieh (Bank- und Verarbeitungstiere) mit einem Schlachtgewicht von 104 584 Tonnen und 293 600 Kälber mit 33 877 Tonnen Schlachtgewicht.

RASSEN

Beim Rindvieh werden je nach Zuchtziel Milchrassen (zur Milchproduktion), Mastrassen (zur Fleischproduktion) oder kombinierte Rassen unterschieden. Früher gab es in der Schweiz vier anerkannte Rindviehrassen, welche als kom-

von Heiri Bucher,
Schweizerischer Bauernverband (SBV), Brugg

binierte Rassen mit unterschiedlicher Gewichtung der Nutzungsrichtungen Milch und Fleisch gezüchtet wurden. In jüngerer Zeit sind die Fleischrinder als eigentliche Mastrassen hinzugekommen.

HALTUNG UND PRODUKTION

Bis in die Fünfzigerjahre gab es kaum Bauern, die sich auf die Rindermast spezialisierten. Die Bauern mästeten die Tiere, die sie in der Milchproduktion nicht brauchten, als Schlachtvieh. Mit den zunehmenden Verwertungsproblemen bei der Milch und der Ausdehnung des Silomaisanbaus richteten immer mehr Bauern ihren Betrieb auf die Rindviehmast aus.

Gemästet werden Rinder, Ochsen und Muni, die mit Maissilage, Gras, Heu und mehr oder weniger Kraftfutter gefüttert werden. Rinder und Ochsen werden 14–20 Monate gemästet, Muni 12–17 Monate. Die reine Mast mit Mais wurde in den letzten Jahren von einer abwechslungsreicheren Fütterung mit Kartoffeln, Futterrüben und Grassilage abgelöst. Die spezialisierten Mastbetriebe sind sehr rationell eingerichtet. Ackerbaubetriebe, die nebenbei noch Mast betreiben, nutzen ältere Gebäude als Laufställe, in denen sich die Tiere frei bewegen können. Eine extensive Form der Rindermast ist die Weidemast, die aber nur mit Rindern und Ochsen sinnvoll ist.

Als Folge der neuen Agrarpolitik kommt der Spezialisierung im Bereich Fleischproduktion erhöhte Bedeutung zu. Bei der Mutter- und Ammenkuhhaltung werden die Kühe nicht gemolken. Sie ziehen mit ihrer Milch die Kälber selbst auf. Nach 6–10 Monaten wiegen die Kälber 240–300 Kilogramm und werden geschlachtet oder weitergemästet. Bei der Ammenhaltung werden der Kuh zusätzliche Kälber zum Säugen gegeben. Der Vorteil dieser Art der Rindfleischproduktion besteht in der Nutzung von

SIMMENTALER FLECKVIEH
Milch- und Fleischproduktion

BRAUNVIEH
In erster Linie zur Milch-, aber auch zur Fleischproduktion

RED HOLSTEIN
Vor allem zur Milchproduktion

HOLSTEIN
Reine Milchrasse

ERINGER
Rindviehrasse, die unter schwierigen Bedingungen auf Weiden der Hochalpen gute Leistungen erbringt, bekannt auch für ihr kämpferisches Temperament

FLEISCHRINDER
Rassen und Kreuzungen für die Fleischproduktion: Dazu gehören insbesondere Angus, Limousin und Charolais

Grünland, ohne dass Milch abgeliefert wird. Für den Landwirt bedeutet das weniger Arbeit mit den Tieren, und es können Flächen genutzt werden, die sich nicht für den Ackerbau eignen. Bei den Mutterkühen ist weniger eine grosse Milchleistung als vielmehr eine gute Fleischleistung gefragt. Geeignete Rassen sind Angus, Limousin, Charolais, reinrassige Simmentaler und Original Braunvieh. Im Fleischrinderherdebuch, welches von der Schweizerischen Vereinigung der Ammen- und Mutterkuhhalter (SVAMH) geführt wird, sind insgesamt 14 Rassen vertreten, unter ihnen auch Aubrac, Blonde d'Aquitaine, Dexter, Galloway, Hereford, Highland Cattle und Piemonteser.

Zur Vermarktung gelangen die Tiere in erster Linie als +Natura Beef+ (eingetragenes Warenzeichen der SVAMH). Seit den ersten Versuchen mit der Mutter- und Ammenkuhhaltung in der Schweiz zu Beginn der Siebzigerjahre ist diese Haltungsart stetig gewachsen. 2003 hielten rund 5 700 Produzenten 64 400 Muttertiere. Trotz dieser Zunahme nimmt die Mutterkuhhaltung mit einem Anteil von rund 9 Prozent des Rindviehbestandes noch einen untergeordneten Stellenwert ein.

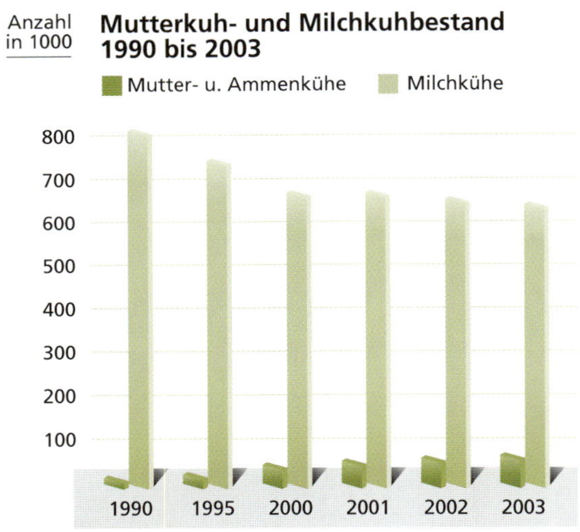

Quelle: Schweizerischer Bauernverband (SBV)

Das Kalb

Die Nutztiere

BEDEUTUNG

Jede Kuh bringt normalerweise ein Kalb pro Jahr zur Welt. Ein Teil dieser Kälber wird zu Milchkühen aufgezogen, der andere Teil wird gemästet und dient der Fleischproduktion. Das Fleisch von Kälbern ist besonders zart und von hoher Qualität.

Viele Kälbermäster wohnen im Berggebiet. Sie bewirtschaften steile und abgelegene Bergbetriebe und halten Milchkühe. In vielen Fällen ist die nächste Käserei oder Milchsammelstelle zu weit weg, um die Milch abzuliefern.

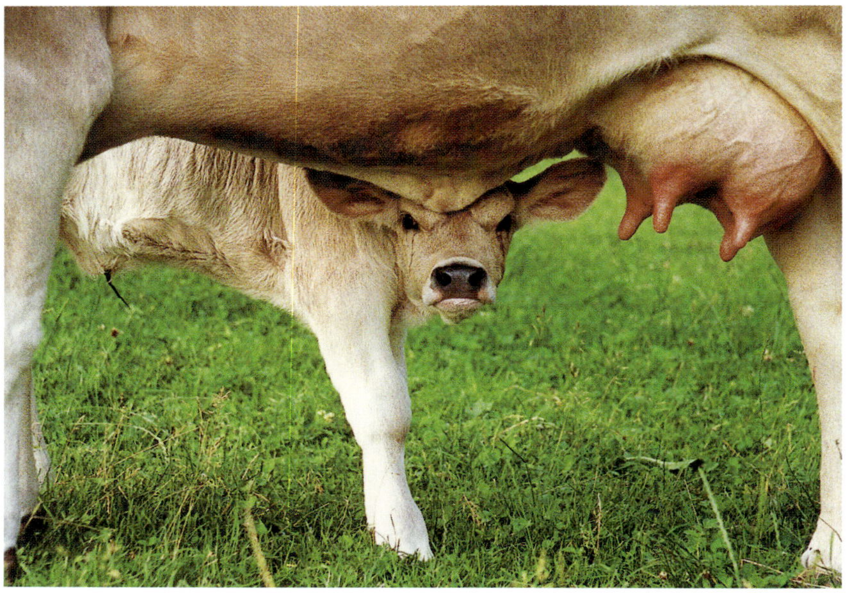

Deshalb tränken sie Kälber zur Fleischproduktion und können so die wertvolle Kuhmilch auf dem eigenen Betrieb verwenden. Ihr Einkommen erwirtschaften sie über die Kalbfleischproduktion. Die bäuerliche Kälbermast hat besonders in den Kantonen Appenzell, St.Gallen, Graubünden, Luzern und Bern sowie in der Innerschweiz eine lange Tradition.

Andere Kälbermäster tränken ihre Kälber mit Milchpulver oder mit Milchnebenprodukten wie Schotte oder Buttermilch, die bei der Käseherstellung anfallen. Viele Milchproduzenten liefern nicht die gesamte Milch ab, weil sie nicht genügend Milchkontingent besitzen, und verwenden den Rest zur Kälbermast.

RASSEN

Früher wurden die Kühe auf eine hohe Milchleistung und gleichzeitig auf gute Fleischigkeit gezüchtet. Man sprach von der Zweinutzungskuh. Heute werden die Milchkühe ganz gezielt auf die hohe Milchleistung gezüchtet. Die Kälber dieser Kühe sind für die Mast weniger geeignet. Sie haben eine geringere Tageszunahme und die Qualität des Fleisches entspricht nicht den Wünschen der Metzger und Fleischverkäufer. Deshalb werden für die Kälbermast immer mehr eingekreuzte oder sogar reine Mastrassen gewählt. Dies sind hauptsächlich Limousin und Charolais, beliebt sind auch reine Simmentaler, reines Braunvieh oder Eringer.

PRODUKTIONSZAHLEN

Die Anzahl geschlachteter Kälber pro Jahr hat sich bei etwa 300 000 Stück eingependelt. Die Anzahl Schlachtkälber hat in den letzten Jahren abgenommen. Da die Kälber aber immer etwas schwerer geschlachtet werden, bleibt schliesslich die Fleischmenge etwa gleich.

Es gibt grosse saisonale Schwankungen in der Kalbfleischproduktion. Weil die Kühe meist im Winter abkalben, werden die meisten Kälber in der ersten Jahreshälfte geschlachtet. Gerade in den Sommermonaten wird aber weniger Kalbfleisch gegessen. Das kann dann dazu führen, dass zu viel Kalbfleisch auf dem Markt ist. Über die Festtage an Weihnachten hingegen ist der Kalbfleischkonsum am grössten. Aufgrund dieser Angebot- und Nachfrageschwankungen ändern sich auch die Preise. So kann der Preis, den der Landwirt für ein Kalb erhält, zwischen Fr. 10.–/Kilogramm und Fr. 15.–/Kilogramm Schlachtgewicht schwanken.

von Sibylle Meyre,
Schweizerischer Kälbermäster-Verband (SKMV), Bern

HALTUNG UND PRODUKTION

Kälber wiegen bei der Geburt 40–50 Kilogramm. Sie werden gemästet, bis sie ungefähr 200 Kilogramm Lebendgewicht haben, was sie ungefähr mit vier Monaten erreichen. Die Kälbermast ist sehr anspruchsvoll. Die Jungtiere müssen genau beobachtet und kontrolliert werden, um Krankheiten rechtzeitig zu erkennen. Mastkälber reagieren empfindlich auf Temperaturschwankungen, auf Stress und sind anfällig auf Krankheitskeime aus der Umgebung.

Im Tierschutzgesetz und in der Tierschutzverordnung sind die Vorschriften zur Haltung und zur Fütterung genau geregelt. Kälber werden auf verschiedene Arten gemästet. Vor allem in der Produktion von Biofleisch wird die Vollmilchmast bevorzugt angewendet.
Wenn der Kälbermäster von Kombimast spricht, meint er damit, dass das Kalb reine Kuhmilch erhält (ca. 12 Liter pro Tag). Das entspricht ca. 70 Prozent der täglichen Futterration, der Rest wird mit Milchpulver gedeckt. Bei der Mast mit Milchpulver werden Mager- und Vollmilchpulver gefüttert, ergänzt mit pflanzlichen und tierischen Fetten. Bei der Mast mit Milchnebenprodukten setzt sich die Futterration aus Schotte und/oder Magermilch zusammen, ergänzt mit Fettkonzentraten. Die Kälber erhalten diese Nahrung entweder in Eimern oder immer mehr aus Milchautomaten, an denen sie sich jederzeit bedienen können. ■

Quelle: Bundesamt für Statistik (BFS)

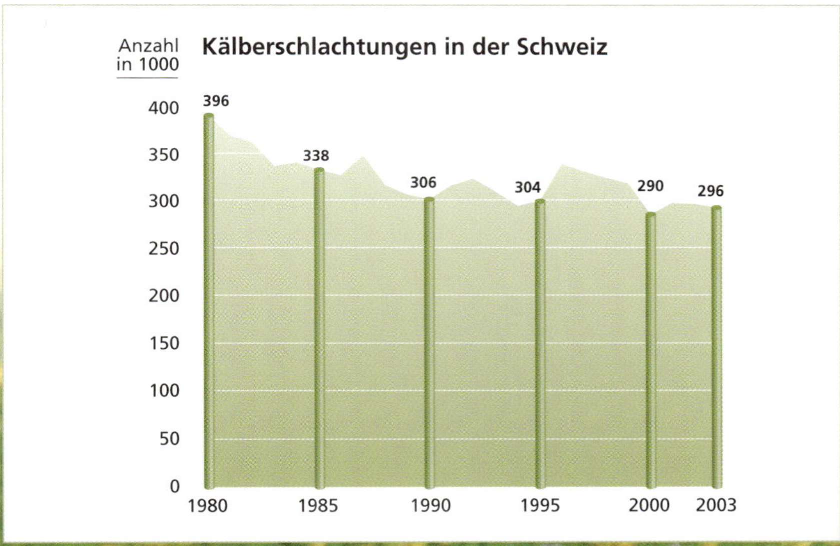

Das Schwein

Die Nutztiere

BEDEUTUNG

Die Schweizer Landwirte halten rund 1,5 Millionen Schweine. Schweinefleisch steht in der Konsumhitparade an erster Stelle, es ist sehr vielseitig verwendbar, zart und geschmackvoll.

Über 90 Prozent des Schweinefleisches, das in der Schweiz konsumiert wird, stammt aus einheimischer Produktion. Gemessen am Endertrag ist die Schweinehaltung (nach der Milchproduktion und dem Pflanzenbau) die drittwichtigste Produktionsrichtung der Schweizer Landwirtschaft.

Das Schwein stammt vom Wildschwein ab und ist wie seine Vorfahren ein Allesfresser. Es wird vor allem mit Futtergetreide und mit Nebenprodukten aus der Verarbeitung von Lebensmitteln gefüttert. Der Anteil an inländischen Rohstoffen in der Schweinefütterung beträgt 90 Prozent. Der Rest besteht vor allem aus Soja, welches in der Schweiz nur an ganz wenigen Orten angebaut werden kann. Die Schweine leisten also einen beachtlichen Beitrag bei der Verwertung von Inlandgetreide und Resten der Nahrungsmittelproduktion. Da der Anteil von verarbeiteten Nahrungsmitteln in der menschlichen Ernährung stetig zunimmt, fallen immer mehr Nebenprodukte aus diesen Prozessen an, die über die Schweinehaltung ökologisch sinnvoll verwertet werden können.

RASSEN

Die Rassen der schweizerischen Schweinezucht haben sich in den letzten Jahren stark verändert. Von den ursprünglichen Universalrassen Edelschwein und Landschwein werden nun Ausgangslinien für die Erzeugung von Kreuzungstieren gemäss dem schweizerischen Zuchtprogramm gezüchtet. Die Ausgangslinien werden in Mutter- und Vaterlinien getrennt. Bei den Mutterlinien werden Fruchtbarkeitsmerkmale, bei den Vaterlinien die Mast- und Schlachtleistungsmerkmale stärker gewichtet. Durch die gezielte Kombination der Ausgangslinien sollen einerseits robuste, fruchtbare und langlebige Muttersauen gezüchtet werden, anderseits Mastschweine, die vital und frohwüchsig sind und wertvolle Fleischstücke liefern. Die wichtigsten Ausgangsrassen sind das Schweizer Edelschwein (ES), das Schweizer Edelschwein Vaterlinie (ESV), die Schweizer Landrasse (SL) und der Schweizer Duroc (D).

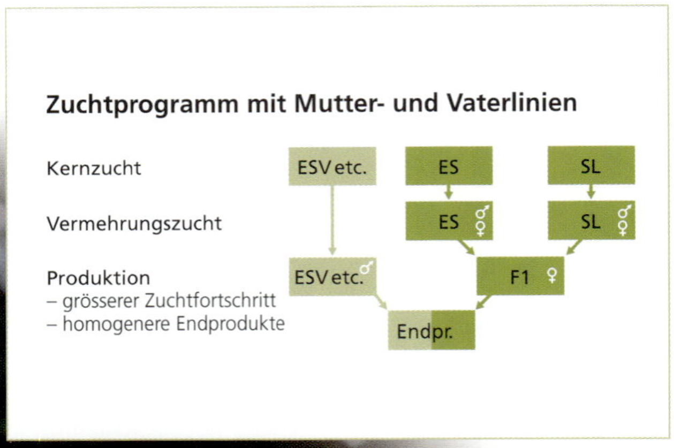

Quelle: SUISAG

von Peter Hofer,
Suisseporcs, Sempach

HALTUNG UND PRODUKTION

Die Schweinezucht ist stark vom Qualitätsgedanken getragen. Eine hervorragende Fleischqualität von gesunden Tieren steht dabei im Vordergrund.

Die Betriebsstrukturen in der Schweinehaltung sind sehr unterschiedlich. Es gibt spezialisierte Zuchtbetriebe und Mastbetriebe, andere betreiben Zucht und Mast zusammen. Gut die Hälfte der Betriebe halten mehr als 200 Tiere. Daneben gibt es immer noch Bauernbetriebe, die Schweinehaltung als einen von mehreren Produktionszweigen betreiben. Durch den zunehmenden wirtschaftlichen Druck steigt die Anzahl von grossen, spezialisierten Betrieben stetig.

Die Höchstbestandesverordnung und das Raumplanungs- und Gewässerschutzgesetz setzen dieser Entwicklung jedoch Grenzen. Der unternehmerische Spielraum für die Schweinehalter ist durch eine Fülle von Gesetzen und Auflagen stark eingeschränkt und hemmt den Aufbau von Betriebsstrukturen, die gegenüber dem europäischen Ausland konkurrenzfähig sind.

Die Sensibilität der Konsumentinnen und Konsumenten bezüglich einer artgerechten Tierhaltung und der Lebensmittelsicherheit ist zu berücksichtigen. Markenfleisch und Qualitätsprogramme haben in den letzten Jahren stark an Bedeutung gewonnen und erreichen einen Produktionsanteil von 90 Prozent. Diese Ansprüche bedingen Mehrkosten vor allem bei den Bauten, der Tierbetreuung und in der Administration und Kontrolle. Die Entwicklung in Richtung tierfreundliche Stallsysteme ist aber ungebremst.

Der höhere Aufwand wird zum Teil abgegolten – einerseits über öffentliche Beiträge des Bundes für das Tierwohl (besonders tierfreundliche Stallhaltung, regelmässiger Auslauf ins Freie) und andererseits über einen höheren Preis in Markenfleischprogrammen. Da auch in

SCHWEIZER EDELSCHWEIN (ES)

SCHWEIZER LANDRASSE (SL)

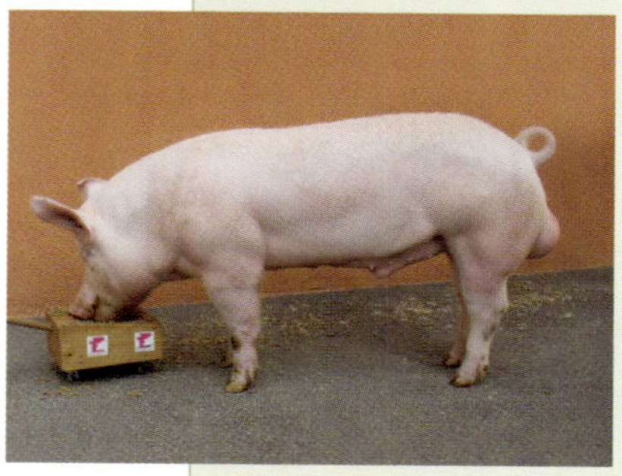

SCHWEIZER EDELSCHWEIN VATERLINIE (ESV)

SCHWEIZER DUROC (D)

Das Schwein

Die Nutztiere

der Landwirtschaft die Arbeitskosten stetig steigen, entsteht jedoch eine Kosten-Ertrags-Schere, die immer weiter auseinander klafft.

Nebst der Stallhaltung gibt es auch die Freilandhaltung von Schweinen. Unsere klimatischen Voraussetzungen (Niederschlagsmenge, hohe Temperaturschwankungen) sind jedoch dafür wenig geeignet. Die meisten Böden in der Schweiz sind zu schwer, das Freilandgehege wird schnell morastig, weshalb diese Haltungsform in unserem Land keine grössere Verbreitung findet.

Die Mutterschweine werden im Durchschnitt drei bis vier Jahre alt und bringen fünf Würfe mit je 10–12 Ferkeln zur Welt. Nach drei Monaten, drei Wochen und drei Tagen Trächtigkeit kommen die kleinen Ferkel zur Welt. Die Muttersau säugt ihre Ferkel während ungefähr fünf Wochen. Schon während der Säugezeit wird feste Nahrung zugefüttert. Ab der sechsten Woche erhalten sie Vollwertkost, die trocken oder in Form einer Suppe angeboten wird. Ferkel wachsen schnell und erreichen nach zehn Wochen ein Gewicht von 20 Kilogramm. Nach dieser Aufzuchtphase folgt die Mastphase. Sie dauert rund drei Monate, dann haben die Schweine ein Gewicht von ungefähr 100 Kilogramm erreicht und sind schlachtreif. ■

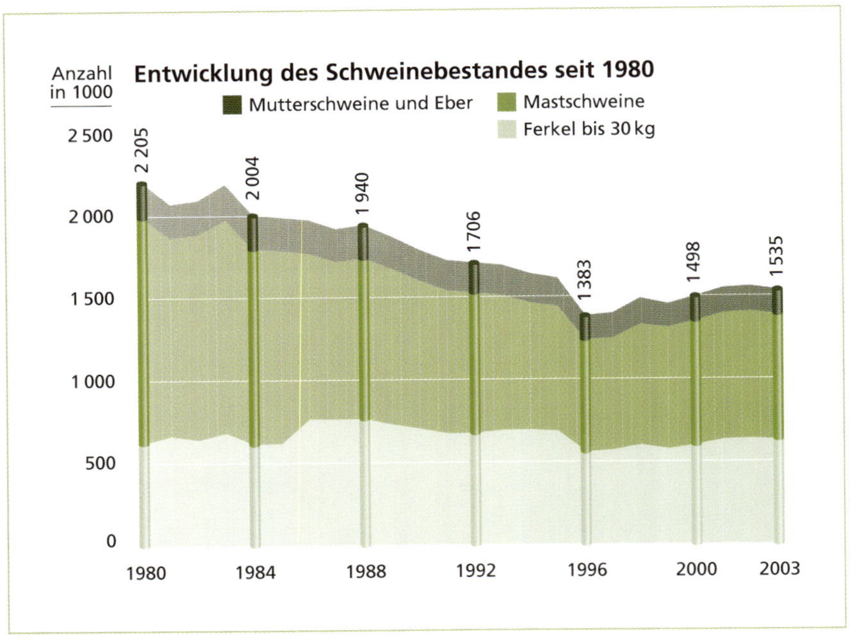

Quelle: Schweizerischer Bauernverband (SBV)

Verhaltensweise Schweine	Tierfreundliche Stallbaulösung
Leben in Gruppen	Gruppenhaltung anstelle von Einzelhaltung
Schlafen in Nestern	Räumlich getrennte Liegebereiche
Trennen Kot- und Liegeplatz	Räumliche Trennung von Kot- und Liegebereich
Regulieren ihre Körpertemperatur durch bestimmte Verhaltensweisen: ■ kühlen sich bei Hitze in Suhlen ab ■ suchen warme Ruheplätze bei Kälte	Kühlen der Dächer, der zugeführten Luft, Duschen, wärmegedämmte Ruhebereiche
Halten beim Fressen Abstand voneinander	Sichtblenden, genügend breite Fressplätze
Bearbeiten ihre Umwelt mit vielfältigem Verhalten	Beschäftigungsmöglichkeiten bieten
Verbringen viel Zeit mit der gemeinsamen Futtersuche	Ausreichende Bewegungsmöglichkeiten, gute Buchtenstrukturierung
Bauen ein Geburtsnest	Abferkelbucht, in der sich die Muttersau frei bewegen kann; Einstreue
Sind tagaktiv	Tageslicht

Das Geflügel

Die Nutztiere

BEDEUTUNG

Gab es zu Grosselterns Zeiten ein «Güggeli» höchstens am Sonntag, hat das Pouletfleisch im Küchen- und Gastronomiealltag inzwischen einen wahren Siegeszug angetreten. Mit dem «Chickenburger» konkurrenziert es sogar den populären Hamburger. Heute werden in der Schweiz pro Kopf und Jahr rund zehn Kilogramm Geflügelfleisch verzehrt, insgesamt rund 80 Millionen Poulets. Zum Geflügel zählen aber nicht nur Poulets, sondern auch Suppenhühner, Truten, Gänse, Enten und Perlhühner.

Mit einem Anteil von 83 Prozent am gesamten Geflügelfleischkonsum ist das Pouletfleisch aber der eindeutige Favorit. Das zarte, weisse Geflügelfleisch ist aus mehreren Gründen immer beliebter: Es ist schnell und einfach zubereitet, kann vielseitig verwendet werden und enthält viel Eiweiss sowie wenig Fett. Das Aufkommen besonders der asiatischen Küche hat ebenfalls dazu beigetragen.

Daneben nimmt sich der Verbrauch von Trutenfleisch mit knapp 1,3 Kilogramm bescheiden aus, und obwohl die Leckerbissen von Gänsen, Enten und Perlhühnern einen Festtagsschmaus erst richtig speziell machen, tragen sie nur gerade 170 Gramm zum Geflügelfleischkonsum bei.

Der Markt könnte heute nicht mit ausreichend Geflügelfleisch zu marktfähigen Preisen versorgt werden, wenn in der Geflügelmast nicht nach rationellen Methoden produziert würde. Die Hälfte des in der Schweiz konsumierten Geflügelfleisches stammt aus inländischer Produktion, die andere Hälfte wird importiert – und zwar nicht, weil die Schweizer Geflügelzüchter nicht genügend produ-

von Alois Mettler,
Agrarberatung, Kirchlindach

zieren könnten, sondern ganz einfach, weil das Importfleisch wesentlich billiger ist. Die wichtigsten Lieferanten von ausländischen Poulets sind Frankreich, Deutschland, Ungarn und Brasilien. Immer mehr werden nur noch einzelne Teile, z.B. Brustfleisch von Poulets und Truten, eingeführt.

RASSEN

Der Siegeszug des Geflügels auf dem Fleischmarkt war erst möglich dank der züchterischen Erfolge. In der Geflügelzucht wird unterschieden zwischen Legelinien für die Eierproduktion, die kaum Fleisch ansetzen, und den Mastlinien für die Fleischproduktion. Die Schweiz ist für die Züchtung zu klein, weshalb Elterntiere als Küken importiert, hier aufgezogen und gepaart werden. Die Hähnchen und Hühnchen dieser Elterntiere gelangen als Eintagsküken in die Mastbetriebe der Produzenten. Die Leistung des heutigen Masthuhns ist erstaunlich: Ein Küken von 40 Gramm wächst innerhalb von fünf Wochen zu einem 2 Kilogramm schweren Poulet heran. Um ein Kilogramm Gewicht zuzulegen, fressen die Tiere 1,7 Kilogramm Futter – deutlich weniger als alle anderen Nutztiere. Der günstige Futterverbrauch ist aus zwei Gründen wichtig: Das Futter ist der teuerste Produktionsfaktor, und eine gute Futterverwertung belastet die Umwelt weniger mit Dünger.

HALTUNG UND PRODUKTION

Die Grösse eines Mastbetriebes in der Schweiz wird, im Gegensatz zum Ausland, durch gesetzliche Auflagen wie Höchstbestände und Gewässerschutzvorschriften begrenzt. Das Schweizer Tierschutzgesetz schreibt eine deutlich geringere Besatzdichte vor als beispielsweise die EU. Heute gibt es in der Schweiz rund 1 000 Mastbetriebe. Der grösste Teil der Schweizer Poulets stammt von Betrieben, die Poulets in Hallen mit 5 000–12 000 Tieren rationell halten.

Das Geflügel

Die Nutztiere

Die Tiere leben in einer Halle mit eingestreutem Boden und meistens einem Auslauf in einen gedeckten Vorplatz (Wintergarten). Frisches Wasser aus dem Tränkenippel und bedarfsgerecht zusammengestelltes Futter stehen den Tieren rund um die Uhr zur Verfügung. Nach fünf Wochen hat das Huhn das Schlachtgewicht erreicht.

Rationell bedeutet einerseits einen möglichst geringen Arbeitsaufwand – deshalb werden die Routinearbeiten weitgehend vom Computer übernommen, der in vieler Hinsicht zuverlässiger und präziser arbeitet als der Mensch (Fütterung, Licht, Lüftung). Andererseits heisst rationell auch wirtschaftlich. Und da hat die Erfahrung gezeigt, dass die Tiere das Tageslicht im Stall, das Scharren im Wintergarten und das grössere Platzangebot dem Bauern mit einer besseren Gesundheit und gleichmässiger Entwicklung danken, sodass mindestens ein Teil der höheren Kosten für die tierfreundlichere Haltung gegenüber der Käfighaltung kompensiert wird.

Auch Freilandpoulets werden die ersten drei Wochen in einer Halle aufgezogen, die ihnen auch nachts und bei nasser oder kalter Witterung zur Verfügung steht. Tagsüber verfügen sie aber zusätzlich zum Wintergarten über einen Auslauf in ein Freilandgehege. Für die Haltung im Freien werden spezielle Züchtungen eingesetzt, und das Futter ist etwas weniger energiereich. Die Mast dauert im Freien nicht fünf, sondern acht bis zwölf Wochen, und das Fleisch wird etwas fester. Die Freilandpoulets werden durchschnittlich 1,8 Kilogramm schwer. Die strengen Kennzeichnungsvorschriften garantieren den Konsumentinnen und Konsumenten, dass die Tiere auch tatsächlich Auslauf ins Freie hatten und wirklich artgerecht gehalten wurden.

Die Nachfrage nach Freilandpoulets ist stetig steigend und liegt heute bei rund 20 Prozent des privaten Haushaltverbrauchs – im Gastrogewerbe wird dagegen immer noch mehr auf den Preis als auf die Qualität geachtet.

Das Lamm/Schaf

Die Nutztiere

BEDEUTUNG

Fleisch, Wolle und Milch sind die Haupterzeugnisse aus der Schafhaltung. Die Wirtschaftlichkeit der schweizerischen Schafhaltung wird heute hauptsächlich durch die Lammfleischerzeugung bestimmt. Aufgrund der tiefen Weltmarktpreise trägt der Wollverkauf seit Jahren nichts mehr zum Einkommen aus der Schafhaltung bei.

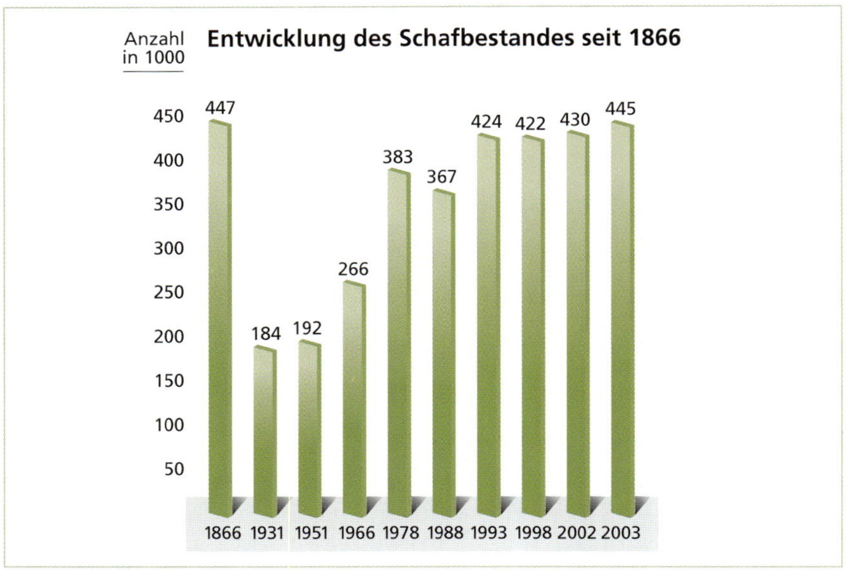

Quelle: Bundesamt für Statistik (BSF)

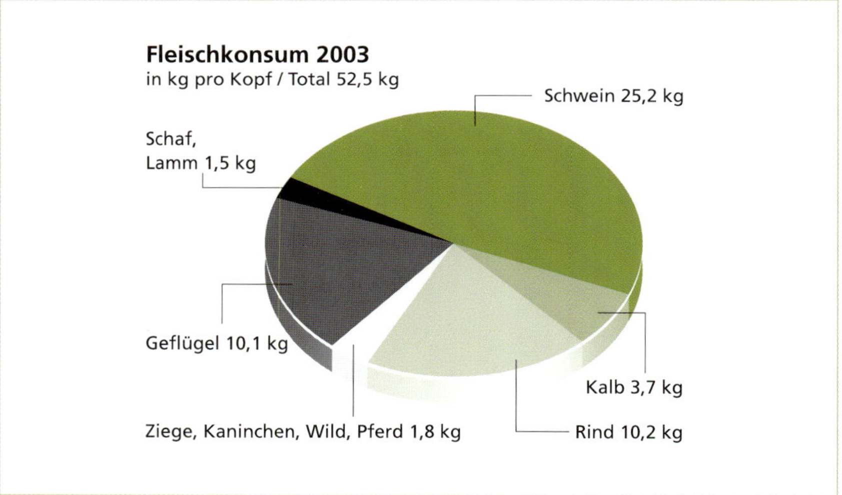

Quelle: Jahresbericht Proviande 2003

In der Schweiz halten rund 20 000 Personen 430 000 Schafe. Schafe sind bekannt als genügsame Weidetiere, die sich besonders für die Nutzung von steilen, eher ertragsarmen Weiden eignen, Flächen, die für die Rinderhaltung zu steil sind und deshalb früher von Hand bewirtschaftet werden mussten. Aus diesem Grund sind noch heute Schafe im Berggebiet weit verbreitet, vor allem im Sommer zur Nutzung von steilen Alpweiden. In den letzten Jahren trifft man immer mehr Schafe auch im Flachland an, wo sie häufig Restflächen (kleine Parzellen, steile Hänge) beweiden.

Lammfleisch erfreut sich auch in der Schweiz tendenziell steigender Beliebtheit. Im Jahr 2003 wurden in der Schweiz rund 11 000 Tonnen Lamm- und Schaffleisch konsumiert, davon stammten rund 42 Prozent von Schweizer Lämmern. Von den rund 52 Kilogramm Fleisch, das die Schweizer Bevölkerung pro Kopf und Jahr verzehrt, beträgt der Anteil Lammfleisch 1,5 Kilogramm.

RASSEN

Seit Jahrzehnten werden in der Schweiz vier Hauptrassen gezüchtet. Das Weisse Alpenschaf ist am weitesten verbreitet und in allen Teilen der Schweiz anzutreffen. Es zeichnet sich durch gute Mast- und Schlachteigenschaften aus. Das Braunköpfige Fleischschaf (dunkelbrauner Kopf und dunkle Beine) wird insbesondere im Voralpengebiet gehalten. Das Schwarzbraune Bergschaf ist die fruchtbarste Rasse, dagegen mit weniger ausgeprägten Masteigenschaften. Diese Rasse, auch unter dem Namen Juraschaf bekannt, ist in den Kantonen Bern, Freiburg, Solothurn, Aargau, Luzern und Zürich verbreitet. Das Walliser Schwarznasenschaf mit seinen geschwungenen Hörnern, die einzige behornte Schweizer Schafrasse, trifft man entsprechend dem Namen vor allem im Oberwallis an. Diese Rasse ist bekannt

von Rita Lüchinger Wüest,
Beratungs- und Gesundheitsdienst für Kleinwiederkäuer (BGK), Herzogenbuchsee

für ihre Genügsamkeit und Standorttreue auch auf hoch gelegenen Alpen. Sie ist aber weniger fleischig als die übrigen Schweizer Rassen.

Daneben trifft man in der Schweiz seit einigen Jahren eine breite Palette von rund 30 weiteren Schafrassen für die verschiedensten Zuchtziele: Milchschafe (Ostfriesisches Milchschaf, Lacaune), Fleischschafe aus allen Teilen Europas (Suffolk, Charollais, Texel), Rassen zur Pflege von Christbaumkulturen (Shropshire), Haarschafe (Dorper), Kleinschafrassen (Skudden), Jakobsschafe mit vier Hörnern und ungarische Zackelschafe mit mächtigen zapfenzieherförmigen Hörnern.

HALTUNG UND PRODUKTION

Rund 50 Prozent der in der Schweiz gehaltenen Schafe verbringen die Sommermonate auf Alpweiden. Im Herbst werden die nicht zur Zucht weiterbenutzten Lämmer mit einem Gewicht von rund 40 Kilogramm zur Schlachtung verkauft. So ist in den Monaten September und Oktober besonders viel zartes einheimisches Lammfleisch auf dem Markt.

Die im Frühjahr geborenen und bis zum Herbst nicht schlachtreifen Lämmer können auf der Winterweide günstig und ökologisch sinnvoll fertig gemästet werden. Während der Wintermonate werden die Schafe im Stall mit Auslauf oder auf einer Weide gehalten. Nur bei lang anhaltenden Regenperioden, verbunden mit bissigen Winden und tiefen Temperaturen, bevorzugen Schafe den Stall.

Noch heute ziehen rund 40 Schäfer von Mitte November bis Mitte März mit ihren Herden durchs Mittelland.

Nach fünfmonatiger Trächtigkeit lammen die Auen (Mutterschafe) im Frühjahr ab und werfen je nach Rasse

WEISSES ALPENSCHAF (WAS)
Über die Hälfte der in der Schweiz gehaltenen Schafe gehören zur Rasse Weisses Alpenschaf

BRAUNKÖPFIGES FLEISCHSCHAF (BFS)
Das Braunköpfige Fleischschaf, neben dem Weissen Alpenschaf die zweite Schweizer Fleischrasse

SCHWARZBRAUNES BERGSCHAF (SBS)
Das Schwarzbraune Bergschaf, eine fruchtbare Rasse, die das ganze Jahr über ablammt

WALLISER SCHWARZNASENSCHAF
Das Walliser Schwarznasenschaf, die robuste Rasse aus dem Oberwallis

OSTFRIESISCHES MILCHSCHAF
Die Milch von Ostfriesischen Milchschafen wird zu köstlichem Käse und zu Milchprodukten verarbeitet

SUFFOLK
Suffolk, eine englische Schafrasse

Das Lamm/Schaf

Die Nutztiere

CHAROLLAIS

Charollais-Schafe werden gerne mit einheimischen Rassen gekreuzt

TEXEL

Eine extrem fleischige Rasse

SHROPSHIRE

Shropshire-Schafe fressen die jungen Tannentriebe nicht und werden deshalb zur Pflege von Christbaumkulturen eingesetzt

DORPER

Die Rasse Dorper ist aus einer Kreuzung mit Haarschafen entstanden und ist deshalb nur wenig bewollt

SKUDDEN

Skudden zählen zu den Kleinschafrassen

UNGARISCHE ZACKELSCHAFE

Das ungarische Zackelschaf besticht durch seine zapfenzieherförmigen Hörner

1–3 Lämmer. Je nach klimatischen Verhältnissen werden die Muttertiere schon zeitig im Frühjahr ganztags auf der Weide gehalten.

Die Futtergrundlage bilden Heu und Emd im Winter und Weidegras im Sommer. Lämmer werden meist während drei oder mehr Monaten gesäugt. Ein Mutterschaf mit Lämmern frisst pro Tag rund 2,5 Kilogramm Heu/Emd oder 15 Kilogramm frisches Weidegras. Daneben erhält es wichtige Mineralstoffe und je nach Futterqualität und Anzahl säugender Lämmer zusätzlich eine Getreidemischung.

Die Ziege

Die Nutztiere

BEDEUTUNG

Die Ziegenhaltung hat in der Schweiz, ausser im Berggebiet, eine geringe Bedeutung. Seit Ende des 19. Jahrhunderts hat der Ziegenbestand stetig abgenommen und seinen Tiefpunkt Anfang der Neunzigerjahre erreicht. Heute beläuft er sich auf rund 67 000 Ziegen und verteilt sich auf 7 000 Ziegenhalter und -halterinnen, was einer durchschnittlichen Herdengrösse von mehr als neun Tieren entspricht. Die Ziegenhaltung im Berggebiet nimmt eine wichtige Stellung als Nischenproduktion von Käse ein.

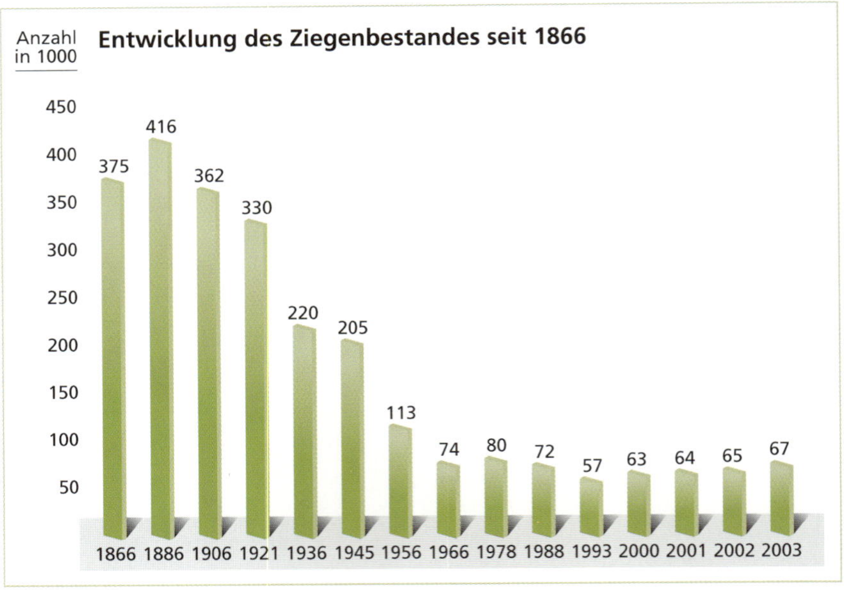

Quelle: Bundesamt für Statistik (BFS)

von Claudia Loretz,
Beratungs- und Gesundheitsdienst für Kleinwiederkäuer (BGK), Herzogenbuchsee

RASSEN

Jedes Jahr werden rund 300–400 Ziegen exportiert. Schweizer Ziegen sind im Ausland bekannt für ihre Leistungsfähigkeit und ihren hohen Gesundheitsstandard. Die beste Milchleistung erbringt die Saanenziege, gefolgt von der Gemsfarbigen Gebirgsziege und der Toggenburger Ziege. Appenzeller Ziege, Bündner Strahlenziege, Walliser Schwarzhalsziege, Nera-Verzasca-Ziege, Pfauenziege und Stiefelgeiss gelten als gefährdet und ihre Zucht wird mit speziellen Programmen gefördert.

Die langhaarige weisse Appenzeller Ziege wird vorwiegend in den Kantonen Appenzell und St. Gallen gehalten. Die Bündner Strahlenziege ist eine typische Gebirgsrasse. Sie ist sehr robust und gewohnt, längere Strecken auf unwegsamen Pfaden zu gehen. Sie wird insbesondere im Kanton Graubünden gezüchtet. Die Walliser Schwarzhalsziege ist ebenfalls eine kräftige Hochgebirgsziege, die sehr beliebt ist wegen ihres schönen Aussehens. Üblicherweise wird sie nicht gemolken, sondern als Mutterziege gehalten und zur Landschaftspflege genutzt. Die Nera-Verzasca-Ziege ist eine temperamentvolle Gebirgsziege, die sich sehr gut an extreme klimatische Verhältnisse anpassen kann und auch bei kargem Futterangebot noch eine ansehnliche Milchleistung erbringt. Die Pfauenziege wurde erst vor ein paar Jahren ins Herdebuch aufgenommen, obwohl sie im Kanton Graubünden schon sehr lange gezüchtet wird.

Die Stiefelgeiss wird nur in wenigen Gebieten der Kantone St. Gallen und Graubünden gezüchtet, wo sie ursprünglich auch herstammt. Typisch für ihr Aussehen sind die langen Deckhaare und die schwarz gestiefelten Beine.

SAANENZIEGE
Die Saanenziege ist die Hochleistungsrasse unter den Schweizer Ziegenrassen

GEMSFARBIGE GEBIRGSZIEGE
Die GGZ ist aktuell im Schweizer Herdebuch am stärksten vertreten

TOGGENBURGER ZIEGE
Die Toggenburger Ziege ist neben der Saanenziege und der Gemsfarbigen Gebirgsziege eine der drei Hauptrassen in der Schweiz

APPENZELLER ZIEGE
Die Appenzeller Ziege hat bei der Alpfahrt eine starke Tradition, denn die Alpfahrt wird immer von einer Gruppe Appenzeller Ziegen angeführt

BÜNDNER STRAHLENZIEGE
Mittlerweile wird die Bündner Strahlenziege immer mehr auch im Mittelland gezüchtet

Die Ziege

Die Nutztiere

WALLISER SCHWARZHALSZIEGE

Die Walliser Schwarzhalsziege ist wegen ihrer Schönheit sehr beliebt, doch erfordert ihr langes Haarkleid auch eine sehr intensive Pflege

NERA-VERZASCA-ZIEGE

Die Nera-Verzasca-Ziege wird praktisch nur im Kanton Tessin gezüchtet, zum Teil auch in sehr grossen Beständen mit über 50 Tieren

PFAUENZIEGE

Eigentlich sollte die Pfauenziege «Pfavenziege» heissen, denn Pfaven sind die unverwechselbaren schwarzen Bänder vom Hornansatz in die Wangen hinein

STIEFELGEISS

Die Stiefelgeiss hat ein eigenes Herdebuch und wird durch Pro Specie Rara und den Bund gefördert

HALTUNG UND PRODUKTION

Ziegen sind sehr wählerisch in ihrer Futteraufnahme. Sie werden auch als Futterselektierer bezeichnet. Für eine gute Milchleistung ist eine artgerechte Fütterung mit hochwertigem, schmackhaftem Futter unumgänglich. Andererseits sind Ziegen auch sehr genügsame Tiere. Im Winter werden die Ziegen im Stall gehalten. Nasskaltes Wetter schätzen sie gar nicht. Die übrige Vegetationsperiode verbringen sie auf der Weide, von Juni bis September vorzugsweise auf einer Alp. Immer häufiger wird auch in der Ziegenhaltung die Mutterziegenhaltung eingeführt.

Ziegen werden in der Schweiz vorwiegend zur Milchproduktion gehalten. Ziegenkäse erfreut sich einer immer grösseren Beliebtheit. Die Produktion stieg in den letzten zehn Jahren um das Zehnfache an. Im Jahr 2001 wurden 17 000 Tonnen Ziegenmilch produziert und daraus 526 Tonnen Käse hergestellt. Viele Betriebe haben sich mit der Ziegenkäseherstellung einen überlebenswichtigen Betriebszweig aufgebaut. Viele Bauern verarbeiten die Milch selber und vermarkten ihre Produkte direkt ab Hof.
Die Produktion von Ziegenfleisch spielt in der Schweiz eine untergeordnete Rolle. Im Jahr 2002 wurden insgesamt 477 Tonnen Ziegenfleisch konsumiert. Das Fleisch der Alttiere wird je nach Gegend zu Würsten oder Trockenfleisch verarbeitet. Den Konsumentinnen und Konsumenten wird praktisch nur Gitzifleisch angeboten. Dieses stammt von 6–8 Wochen alten Tieren, die ausschliesslich mit Milch ernährt wurden. Der Konsum von Gitzifleisch konzentriert sich sehr stark auf Ostern, in der übrigen Zeit ist die Nachfrage sehr gering, sodass der Produzent starke Preiseinbussen hat, wenn er seine Gitzi nicht genau vor Ostern dem Metzger liefern kann. ■

Das Pferd

Die Nutztiere

BEDEUTUNG

Der Pferdebestand hat infolge der technischen Entwicklung in den letzten Jahrzehnten einen starken Wandel erlebt. Das Pferd war bis zum Zweiten Weltkrieg in der Landwirtschaft, in der Armee und im Gewerbe ein wichtiges und geschätztes Arbeitstier, das in der Nachkriegszeit von der Mechanisierung aus diesen Bereichen verdrängt wurde. Die Pferde werden heute hauptsächlich im Sport und in der Freizeitbeschäftigung eingesetzt (Reiten und Fahren). Dies beeinflusst die Rassenwahl, die Haltung und auch die Beziehung zum Tier.

Verbreitung von Haltungssystemen in der Schweiz bezogen auf den Anteil der darin gehaltenen Pferde

	Bachmann & Stauffacher **Erhebungsjahr 1997:**		Ionta et al., **Erhebungsjahr 2002:**
	2536 Pferde aller Rassen	507 Freibergerpferde	3965 Freibergerpferde
Anbindehaltung	18,3%	49,9%	17,0%
Innenbox	32,3%	28,8%	42,7%
Aussenbox	28,4%	11,6%	6,2%
Box mit Auslauf	4,5%	1,2%	8,7%
Gruppenauslaufstall	4,4%	4,7%	3,9%
Gruppenauslaufhaltung	12,1%	3,8%	21,5%
Total	100%	100%	100%

Quellen: Bachmann I., Stauffacher M. (2002)

Pferde wurden in der Schweiz nie nur wegen der Fleischproduktion gehalten. Es wurden und werden nur die ausselektionierten Pferde (Zucht, Alter, Verletzungen) geschlachtet, was zur Folge hat, dass der Bedarf an Pferdefleisch vor allem durch Importe gedeckt wird.

Der Inlandanteil an konsumiertem Pferdefleisch ist tief (ca. 15 Prozent). Dabei ist zu bemerken, dass der Konsum von Pferdefleisch in den verschiedenen Regionen der Schweiz sehr unterschiedlich ist. In der Westschweiz und im Tessin ist er viel höher als in der übrigen Schweiz. Gesamthaft gesehen ist der durchschnittliche Pferdefleischkonsum relativ bescheiden (ca. 0,65 Kilogramm pro Kopf und Jahr).

RASSEN

Die Schweizer Pferdezucht zeichnet sich durch eine grosse Rassenvielfalt aus. Jährlich werden rund 5 000 Fohlen geboren. Der grösste Anteil entfällt mit über 60 Prozent auf die Rasse Freiberger. Der Freiberger ist heute die einzige Pferderasse, die ihren Ursprung auf Schweizer Gebiet hat. Er stammt aus dem Jura, den Franches-Montagnes, die diesem so genannt «mittelrahmigen» Pferd seinen Namen gaben. Hervorstechende Eigenschaft des Freibergers ist sein ausgeprägt guter Charakter. Damit gilt er als idealer Partner des Menschen für den Freizeitsport. Er findet sein Einsatzgebiet aber auch heute noch in der Land- und Forstwirtschaft.

Mit ca. 20 Prozent aller Fohlen ist das Schweizer Sportpferd die zweitgrösste Rassengruppe in der Schweiz. Ursprünglich stark geprägt durch Importe aus den europäischen Hochzuchtländern (Deutschland, Frankreich, Holland, Belgien), ist das Schweizer Sportpferd heute eine eigenständige konsolidierte Rasse. Die Erfolge von Schweizer Warmblutpferden an nationalen und internationalen Veranstaltungen demonstrieren eindrücklich das Leistungsniveau in der Schweizer Sportpferdezucht.

Der Haflinger ist in der Schweiz mit knapp 6 Prozent vertreten. Typisch gekennzeichnet durch den hellen Behang (Mähne und Schweif), gilt auch er als ideales Familienpferd.

von Anja Lüth,
Verband Schweizer Pferdezuchtorganisationen (VSP), Avenches

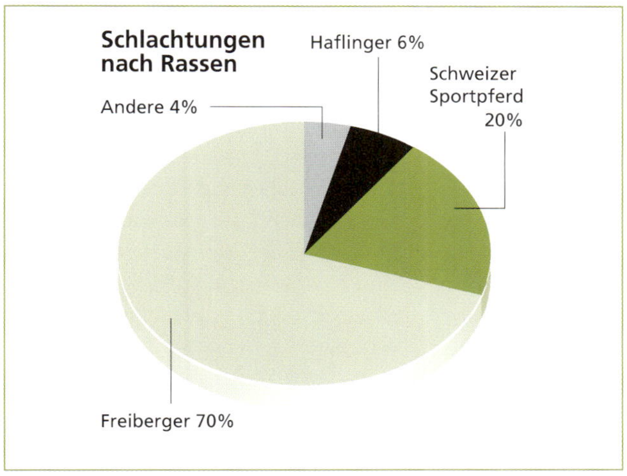

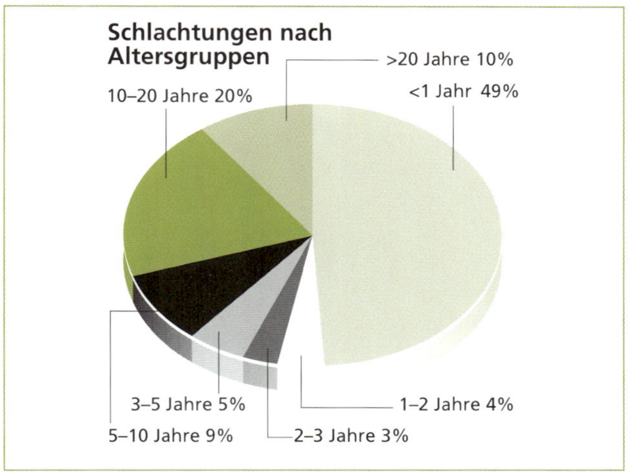

Quelle beider Grafiken:
Verband Schweizer Pferdezuchtorganisationen (VSP)

HALTUNG UND PRODUKTION

Jährlich werden rund 3 600 Pferde geschlachtet, der grösste Teil im Alter bis einjährig. Mit 70 Prozent aller geschlachteten Tieren stellt die Rasse der Freiberger die grösste Anzahl. Dies erlaubt es, dass nur die besten Tiere für die Zucht aufgezogen und angepaart werden. Der Anteil der Schlachttiere verteilt sich proportional auf alle in der Schweiz vertretenen Rassen. In unserem Land werden die meisten Pferde durch die Landwirte gezüchtet. Sie werden vor allem im Jura und in den Alpengebieten auf weiträumigen Weiden aufgezogen und tragen dadurch zur Aufwertung von schwierig zugänglichen Gebieten bei. ■

Das Wild

Die Nutztiere

BEDEUTUNG

Unter «Wild» versteht der Fachmann alle wild lebenden Tiere, die dem Jagdrecht unterliegen. Der Jäger ordnet Wild generell in die beiden Kategorien Haarwild (alles, was ein Fell trägt) und Federwild (alles, was Federn trägt) ein. Wildfleisch oder Wildbret, wie es in der Jägersprache genannt wird, ist ein hochwertiges Nahrungsmittel. Natürlich, mager, fett- und cholesterinarm, reich an Eiweiss, Mineralstoffen und Vitaminen erfüllt es alle Anforderungen an eine gesunde Ernährung.

Laut einer Schätzung der Ernährungs- und Landwirtschaftsorganisation der Vereinten Nationen (FAO) wurden 1998 etwas über eine Million Tonnen Wildfleisch verarbeitet. Das entspricht rund einem halben Prozent der Weltfleischerzeugung. Der Wildfleischmarkt in der Schweiz hat sich in den letzten Jahren nach oben entwickelt, von 500 Gramm pro Person im Jahr 1990 auf 690 Gramm im Jahr 2003. Schweizer Wild ist rar und teuer. Das in der Schweiz erlegte Wild wird meist durch die Jägerinnen und Jäger selbst, eventuell noch über regionale Metzgereien oder in der Gastronomie verbraucht. Um den steigenden Bedarf abzudecken, sind Importe unumgänglich. Insgesamt werden jedes Jahr rund 4 500 Tonnen Wildfleisch importiert. Rehe und Hasen, deren Fleisch bei uns auf den Teller kommt, werden nicht selten in Österreich und den angrenzenden Ländern, die Hasen zusätzlich in Argentinien erlegt. Hirschpfeffer hat seinen Ursprung meist in neuseeländischen Zuchtfarmen.

Fleisch in Beize einzulegen, hat eine lange Tradition und wurde schon immer sehr geschätzt. So zählt der fixfertig gekochte

von Ernst Herzog,
Migros Genossenschaftsbund, Zürich

und pasteurisierte Pfeffer (vom Reh, Hirsch, Wildschwein oder Hasen usw.) zu den Klassikern im Convenience-Bereich. Die Auswahl an fertig zubereiteten Wildgerichten mit feinen Saucen reicht von Hirschgeschnetzeltem über Rehschnitzel bis zum Hirschbraten. Das Angebot ist jedoch weit grösser als nur Schnitzel, Pfeffer, Geschnetzeltes oder Rehrücken. Aus Wildfleisch werden Charcuterieprodukte, Wurstwaren, Pasteten und Terrinen hergestellt.

DER HIRSCH

Als König der Wälder geniesst der Hirsch einen besonderen Ruf. Er gehört zur Familie des Rotwilds. Männliche Tiere, die Hirsche, tragen ein stattliches Geweih, das im Winter jeweils abgeworfen wird und sich im Frühjahr neu bildet. Hirsche bevorzugen als Lebensraum die höheren Lagen unseres Landes. Das Alttier bringt im Frühjahr ein, selten zwei Kälber zur Welt.

DAS REH

Obwohl das Reh einen stillen Lebensraum und als Feinschmecker einen reich gedeckten Tisch in der Natur bevorzugt, gibt es hierzulande kaum Reviere, in denen es nicht vorkommt. Das Rehwild ist kein Grasfresser, sondern ein Nahrungsselektierer. Es äst in der vegetationsreichen Zeit nur Blätter und würzige Kräuter, im Herbst Eicheln und Buchennüsschen. Das jahreszeitlich bedingte Nahrungsangebot wirkt sich naturgemäss auf den Geschmack des feinen, kurzfaserigen Wildbrets aus. Das männliche Reh, der Bock, trägt – wie der Hirsch – ebenfalls ein Geweih, es ist aber viel kleiner. Rehe sind praktisch in allen Wäldern des Flachlandes heimisch. Die weiblichen Tiere heissen Geissen. Sie gebären beziehungsweise setzen im Frühjahr meist zwei Kitze.

Das Wild

Die Nutztiere

DAS WILDSCHWEIN

Wildschweine wühlten bereits vor 60 Millionen Jahren in unserem Boden. Sie werden wegen ihres dunklen Borstenkleids auch als Schwarzwild bezeichnet. Obwohl das Hausschwein vom Wildschwein abstammt, unterscheidet sich das Wildbret der «Schwarzkittel», wie der Jäger das Wildschwein auch nennt, wesentlich von dessen Fleisch. Das Wildbret des Wildschweins besitzt im Vergleich zu Reh und Hirsch einen höheren Anteil an Fettzellen – das macht es besonders saftig. Erwachsene männliche Tiere, die Keiler, können richtige Schwergewichte werden und bis zu 250 Kilogramm wiegen. Die weiblichen Tiere, die Bachen, wiegen bis zu 180 Kilogramm und gebären pro Wurf 4–10 Junge, die Frischlinge genannt werden.

DER WILDHASE

Der Feld- oder Wildhase und das kleine Wildkaninchen werden in der Schweiz kaum bejagt. Vor allem die Junghasen sind durch die zahlreich vorhandenen natürlichen Feinde wie Füchse und Raubvögel stark bedroht, weshalb ihr Bestand nicht durch die Jagd kontrolliert werden muss. Wildkaninchen liefern ein beliebtes, zartes, aromatisches Wildbret. Grösster Lieferant von Hasenteilen ist heute Argentinien, wo der Hase aus Europa eingeführt und ausgewildert wurde.

DER FASAN

Der Fasan sei ein Braten für Götter, sagte Voltaire, der grosse französische Philosoph. Und der Volksmund ist der Meinung, dass man den Fasan Engeln auftischen könnte. Fasan gehört zum Federwild, auch Flugwild genannt. In früheren Zeiten wurde der elegante Vogel in fürstlichen Fasanerien gehalten. Sein edelstes Stück, die Brust, stammt vorwiegend von Fasanen aus Zuchtfarmen in Frankreich. In der Schweiz werden Fasane nur im Kanton Tessin mit der Schrotflinte bejagt. ■

Das Kaninchen

Die Nutztiere

BEDEUTUNG

In den letzten fünf Jahren stieg in der Schweiz die Nachfrage nach Schweizer Kaninchenfleisch. Damit entwickelte sich eine professionelle Kaninchenmast. Dies ist nicht zuletzt dem Interesse der Grossverteiler zu verdanken. Der Aufschwung in der Schweizer Kaninchenmast bietet vielen Landwirtschaftsbetrieben eine neue Marktnische.

In der Schweiz werden jährlich 3 400 Tonnen Kaninchenfleisch konsumiert, 600 Tonnen kommen aus inländischer Produktion. Jährlich werden 2 800 Tonnen importiert. Die grössten Lieferanten sind Ungarn, China, Frankreich und Italien.

RASSEN

Das Kaninchen gehört im zoologischen System zur selbstständigen Gruppe der Hasentiere und nicht zu den Nagetieren. Früher wurden vor allem weisse Neuseeländer, Kalifornier, Champagne-Silber und Burgunder zur Züchtung von Schlachtkaninchen verwendet. Heute wird vorwiegend die Rasse Zika verwendet. Zika-Kaninchen haben die positive Eigenschaft, dass sie das Futter sehr gut verwerten, eine hervorragende Fleischqualität haben, robust sind und eine gute Fruchtbarkeit aufweisen. Die Zibben (weibliche Kaninchen) sind ab der 18. Alterswoche geschlechtsreif, also deckfähig. Beim Bock (männliches Kaninchen) dauert es 19–20 Wochen, bis er deckfähig ist. Die Trächtigkeitsdauer beläuft sich auf rund 31 Tage. Pro Wurf kommen zwischen acht und neun Jungtiere zur Welt. Eine Zibbe kann bis zu achtmal jährlich tragen. Die Jungtiere bleiben rund 30 Tage bei ihrer Mutter, dann werden sie abgesetzt und in acht Wochen in Gruppen von 10–40 Tieren ausgemästet. Bis dahin sollten die Kaninchen das gewünschte Schlachtgewicht von rund 3 Kilogramm Lebendgewicht erreicht haben.

HALTUNG UND PRODUKTION

Die Haltungsvorschriften bezüglich Platz, Hygiene und Fütterung sind den Bedürfnissen der Kaninchen angepasst. Kaninchen sind reine Pflanzenfresser, sie brauchen nur 10–16 Prozent der Zeit des Tages zur Futteraufnahme. Die Nahrung wird in rund 30 kleinen Mahlzeiten,

welche auf den ganzen Tag verteilt sind, aufgenommen. Bei der kommerziellen Kaninchenmast werden zur Fütterung Getreidewürfel verwendet. Sie bestehen aus verschiedenen Getreide- und Grassorten. Als Rohfaser und Beschäftigungsfutter wird zusätzlich Heu gefüttert. Der Zugang zu frischem Wasser wird durch eine Nippeltränke gewährleistet. Die Zibben können einzeln oder in Gruppen mit acht Zibben und einem Bock in einer gut strukturierten Box mit Nestmöglichkeit, erhöhter Fläche und einer Rückzugsmöglichkeit gehalten werden. Die Mastkaninchen werden in Gruppen von 10–40 Tieren gehalten. Auch hier sind eine erhöhte Fläche und eine Rückzugsmöglichkeit vorhanden. Ein Teil der Bucht ist eingestreut und es stehen Nageobjekte zu Verfügung. Diese Strukturierung des Geheges ist für die Kaninchen sehr wichtig, um das natürliche Verhalten auszuleben. ■

Herkunft des Kaninchenfleisches

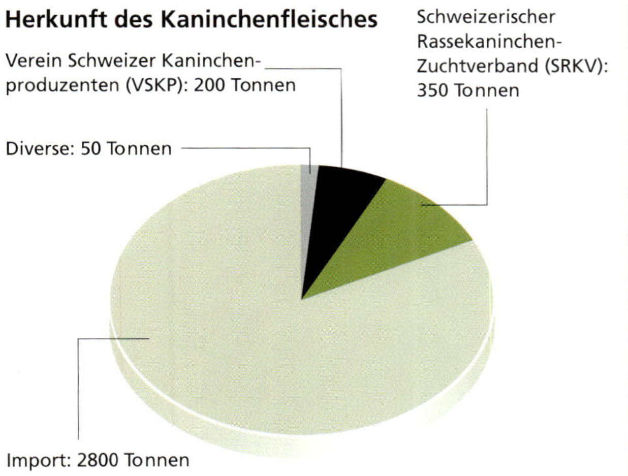

Quelle: Schweizerischer Rassekaninchen-Zuchtverband SRKV

WEISSER NEUSEELÄNDER

KALIFORNIER

CHAMPAGNE-SILBER

BURGUNDER

ZIKA-HYBRID

Die Nutztierhaltung und ihr Umfeld

Qualität und Schutz des Tieres stehen im Vordergrund

Die Schweizer Viehwirtschaft im Umbruch

Die Nutztierhaltung und ihr Umfeld

Die Schweizer Bauernfamilien leben in erster Linie von der Viehwirtschaft: Über 70 Prozent des Endrohertrages stammen aus der Milch- und Fleischproduktion, wobei die Fleischproduktion für das Einkommen annähernd gleich wichtig ist wie die Milchproduktion.

In den vergangenen zehn Jahren hat sich die Viehwirtschaft vor allem auch aufgrund der veränderten Ansprüche der Konsumentinnen und Konsumenten dahingehend gewandelt, dass diese heute Fleisch aus besonders tierfreundlicher Haltung bevorzugen. Diesen Anforderungen wird mit so genannten Labels oder Markenfleischprogrammen Rechnung getragen. Im Jahre 2003 produzierten bereits über 75 Prozent der Betriebe Fleisch im Rahmen eines Labels oder «QM-Schweizer Fleisch». Die Schweizer Landwirtschaft produziert heute wesentlich ökologischer, nachhaltiger und tierfreundlicher. Entsprechend sind die Tierbestände bei Schweinen und Rindern stark zurückgegangen.

Die Qualität der Schlachttiere für die Bankfleischproduktion hat in den letzten Jahren hinsichtlich Fleischigkeit und Ausmastgrad eine erfreuliche Steigerung erfahren. Gute Qualität wird heute durch den Markt honoriert. Die Landwirtschaft hat sich den veränderten Rahmenbedingungen mit Ideenreichtum und teilweise grossen Investitionen angepasst und an Vertrauen gewonnen.

von Markus Zemp und Jürg Schletti,
Proviande, Bern

«Klasse statt Masse» heisst das Erfolgsrezept für die Zukunft der Schweizer Landwirtschaft.
Durch den Einfluss der Agrarpolitik veränderte sich die Viehwirtschaft nachhaltig. Im Jahre 1994 hat die Schweiz das GATT-Abkommen unterzeichnet und damit die Grenzen für Fleischimporte verstärkt geöffnet. Die Schlachtviehpreise sind seit Anfang der Neunzigerjahre um rund 30 Prozent gesunken. Für die schweizerische Landwirtschaft ist und bleibt ein ausreichender Grenzschutz von zentraler Bedeutung. Ein Abbau der Ausserzollkontingentsansätze und eine allfällige Ausdehnung der Zollkontingente würden dazu führen, dass die Importmengen steigen und damit die Inlandpreise zusätzlich unter Druck geraten. Ein Verhandlungsabschluss im Agrardossier der laufenden WTO-Runde wird ohne Verminderung des Grenzschutzes kaum realisierbar sein.

RIND- UND KALBFLEISCH: TREND ZUR SPEZIALISIERUNG

Die Rind- und Kalbfleischproduktion war in der Vergangenheit eng mit der Milchviehzucht verknüpft. Die Viehzüchter züchteten die so genannten Zweinutzungskühe, das heisst Kühe, welche sich für die Fleisch- und Milchproduktion gleich gut eigneten. Nicht zur Aufzucht benötigte Tiere wurden entweder selber ausgemästet oder an spezialisierte Mäster verkauft. Heute geht der Trend aus wirtschaftlichen Gründen in Richtung Spezialisierung, das heisst: Die Milch wird grösstenteils mit milchbetonten Rassen produziert. Die Kälber dieser Kühe eignen sich für die Kälbermast noch gut, hingegen sind sie für die Grossviehmast ungeeignet. Allerdings werden über 30 Prozent der milchbetonten Kühe nicht zur Weiterzucht gebraucht. Durch die Kreuzung dieser Kühe mit einem Fleischrassenstier entstehen hervorragende Tiere für die Grossvieh- und Kälbermast. Die klassischen Zweinutzungsrassen machen nur noch wenige Prozent des Milchkuhbestandes aus. Weil die Leistungssteigerung der Kühe dank Züchtung, besserer Haltung (Laufstall) und Fütterung pro Jahr ungefähr 100 Kilogramm Milch beträgt, nimmt die Zahl der Milchkühe in der Schweiz jährlich um ca. 10 000 Stück ab.

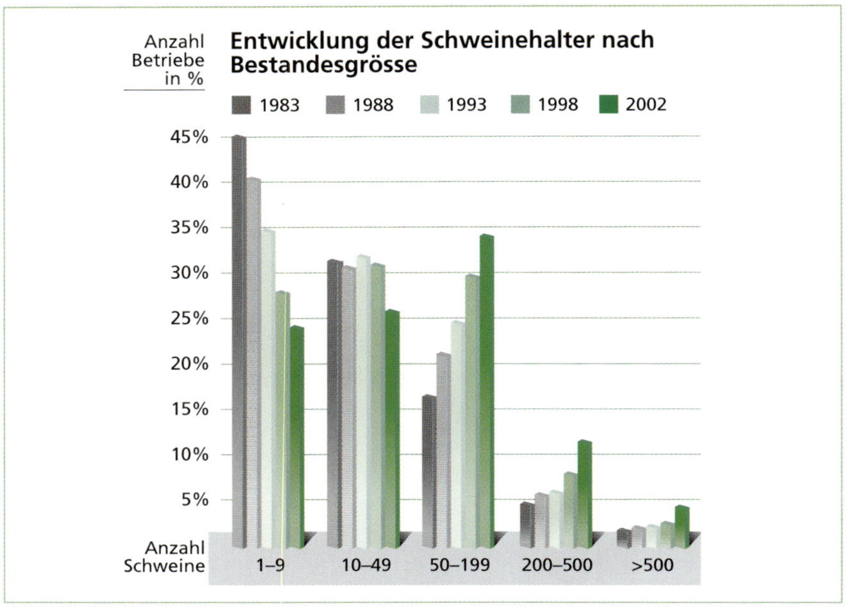

Quelle: Proviande

Immer weniger Kühe produzieren also insgesamt gleich viel Milch. Dies bedeutet aber auch, dass immer weniger Wiesen und Weiden für die Milchkühe gebraucht werden. Dies setzt Flächen- und Stallkapazitäten für die Fleischproduktion mit spezialisierten Fleischrassen frei. Ideal geeignet für eine Mutter- und Ammenkuhhaltung. Diese sehr natürliche und extensive Rindfleischproduktion nimmt stark zu. Derzeit beträgt die Bestandeszunahme bei den Mutterkühen jährlich rund 8 000 Stück, insgesamt waren es im Jahre 2003 65 000 Stück. In den kommenden Jahren wird sich dieser Trend verstärken, denn mit der Liberalisierung des Milchmarktes sinken die Milchpreise. Die Wirtschaftlichkeit der Milchproduktion wird sich weiter verschlechtern. «Milchkühe raus, Mutterkühe rein» heisst für viele Bauern die Konsequenz. In Zukunft wird deshalb die Rindfleischproduktion vermehrt mit spezialisierten Fleischrassen und in Form der Mutterkuhhaltung oder der Weidemast mit Rindern und Ochsen erfolgen.

SCHWEINEFLEISCH: GUTER QUALITÄTSSTANDARD

Mengenmässig betrachtet, leisten die Schweinemastbetriebe den grössten Beitrag an die inländische Fleischproduktion. Die Anzahl der Schweinehalter ist rückläufig, denn die Produktionseinheiten werden zum Teil grösser. Unter den Züchtern, Vermehrern und Mästern hat sich eine Arbeitsteilung etabliert. Der Qualitätsstandard der Schlachtschweine ist entsprechend gut. Die wichtigsten Merkmale für die Fleischqualität wie intramuskuläres Fett und Anteil wertvoller Fleischstücke konnten bei Hochzuchtherden der in der Schweiz gezüchteten Rassen auf hohem Niveau gehalten respektive noch verbessert werden. Der im Rahmen der neutralen Qualitätseinstufung festgestellte Fleischanteil (MFA) als Qualitätsparameter liegt heute im Durchschnitt bei 54,7 Prozent. MFA-Werte zwischen 53 und 61 Prozent gelten als optimal. Produzenten und Abnehmer haben sich auf ein Qualitätszahlungssystem geeinigt, welches eine optimale Schlachtqualität der Schweine anstrebt und keinen Anreiz bildet, noch fleischigere Tiere mit schlechterer Fleischqualität zu erzeugen.

LAMM-, SCHAF- UND ZIEGENFLEISCH: BESCHEIDENES WACHSTUMSPOTENZIAL

Die Produktion von Schlachtlämmern, -schafen und -ziegen ist eher als eine Produktionsnische zu betrachten. Mehr als 50 Prozent des Lammfleisches werden importiert, was die Produzentinnen und Produzenten in diesem Bereich dazu führt, von einem «bescheidenen» Wachstumspotenzial zu sprechen. ■

Die gesetzlichen Vorschriften

Die Nutztierhaltung und ihr Umfeld

SCHLACHTVIEH- UND FLEISCHMARKTORDNUNG

Die wichtigsten Instrumente, mit denen der Bund den Schlachtvieh- und Fleischmarkt regelt, sind: Massnahmen an der Grenze, Marktabräumung sowie Einlagerungs- und Verbilligungsaktionen. Er verbessert damit die Markttransparenz und unterstützt den Markt. Die rechtlichen Grundlagen für die Aufgaben des Bundes finden sich in folgenden Erlassen:

- Artikel 46–51 des Landwirtschaftsgesetzes vom 29. April 1998
- Agrareinfuhrverordnung vom 7. Dezember 1998
- Schlachtviehverordnung vom 26. November 2003

Einen Grossteil der Aufgaben nimmt der Bund nicht selber wahr. Mit Leistungsvereinbarungen – sie werden periodisch öffentlich ausgeschrieben – sind die Aufgaben vom Bundesamt für Landwirtschaft (BLW) an Proviande, die Organisation der Schweizer Fleischbranche, übertragen worden. Die Leistungsvereinbarungen betreffen die Durchführung der neutralen Qualitätseinstufung, die Organisation der Marktentlastungsmassnahmen sowie die Überwachung öffentlicher Schlachtviehmärkte.

NEUTRALE QUALITÄTS-EINSTUFUNG

Die Qualität von Tieren auf öffentlichen Schlachtviehmärkten sowie von geschlachteten Tieren in grösseren Schlachtbetrieben wird neutral eingestuft. Das Qualitätsmerkmal für Schweine ist der Magerfleischanteil, für die anderen Tiere die Fleischigkeit und der Ausmastgrad.

MARKTENTLASTUNGS-MASSNAHMEN

Die Einlagerung und die Verbilligung von Kalb-, Rind- und Schweinefleisch können vom Bund mitfinanziert werden. Wenn auf den öffentlichen Märkten Rinder und Schafe nicht im freien Handel verkauft werden können, werden sie Inhabern von Zollkontingentsanteilen zu marktüblichen Preisen zugeteilt (Marktabräumung). Übernahmepflichtig sind jene Inhaber, die auf öffentlichen Märkten Tiere ersteigert haben (siehe «Grenzschutz»). Sowohl die Marktabräumung als auch die Einlagerung und die Verbilligung leisten einen Beitrag zur Stützung der Produzentenpreise und zur Absatzsicherung in Perioden mit Überschüssen.

von Niklaus Neuenschwander,
Bundesamt für Landwirtschaft (BLW), Bern

ÖFFENTLICHE SCHLACHTVIEH-MÄRKTE

Bäuerliche Organisationen und/oder kantonale Stellen organisieren jährlich rund 1 000 Grossvieh-, 500 Kälber- und 300 Schafmärkte. Die Mehrheit der Märkte wird im Berg- und Voralpengebiet durchgeführt und trägt zur Angebotszusammenfassung bei. Ab 2007 kann der Bund Ausrüstungen und Geräte für die Infrastruktur von öffentlichen Märkten im Berggebiet mitfinanzieren. Die gemäss Bundesbudget verfügbaren Mittel für Marktstützungsmassnahmen sind gemessen an der Bedeutung des Schlachtvieh- und Fleischmarktes bescheiden.

GRENZSCHUTZ

Die Schweiz hat sich im Rahmen des GATT-Agrarabkommens von 1994 völkerrechtlich verpflichtet, mittels Zollkontingenten einen minimalen Marktzutritt zu tiefen Zöllen zu gewähren. Das Zollkontingent für «rotes» Fleisch (Rind, Kalb, Schaf, Ziege und Pferd) beträgt 22 500 Tonnen brutto, dasjenige für «weisses» Fleisch (Schweine und Geflügel) 54 500 Tonnen brutto. Innerhalb der Zollkontingente wurden gewisse Mindestmengen vereinbart, wie beispielsweise 4 500 Tonnen Schaffleisch oder 4 000 Tonnen Pferdefleisch. Die Zollkontingente werden ab 2005 teilweise und ab 2007 vollständig versteigert. Davon ausgenommen sind 10 Prozent der Einfuhren von Rind-, Kalb- und Schaffleisch, welche aufgrund der auf öffentlichen Märkten ersteigerten Tiere zugeteilt werden. Das BLW legt die Einfuhrmengen periodisch nach Anhörung der interessierten Kreise fest.

DIREKTZAHLUNGEN

Mit Direktzahlungen entschädigt der Bund die Landwirtschaft für gemeinwirtschaftliche Leistungen, die nicht im Verkaufspreis der Produkte enthalten sind. Direktzahlungen erhalten nur landwirtschaftliche Betriebe, welche die ökologischen Mindestanforderungen erfüllen (ökologischer Leistungsnachweis ÖLN). Dazu gehören eine tiergerechte Haltung, eine ausgeglichene Düngerbilanz, ein angemessener Anteil an ökologischen Ausgleichsflächen, eine geregelte Fruchtfolge und ein geeigneter Bodenschutz. Die wichtigsten Rechtsgrundlagen für die Direktzahlungen finden sich in folgenden Erlassen:

- Artikel 70–77 des Landwirtschaftsgesetzes vom 29. April 1998
- Direktzahlungsverordnung vom 7. Dezember 1998

Eine Reihe von Direktzahlungen ist für den Schlachtvieh- und Fleischbereich besonders relevant: Direktzahlungen erhalten die Bauern für die Haltung von Raufutter verzehrenden Nutztieren (Rind, Schaf, Ziege und Pferd). Wegen der erschwerten Produktionsbedingungen sind diese im Berg- und Hügelgebiet höher. Für Vieh, das den Sommer auf der Alp verbringt, werden ebenfalls Beiträge ausgerichtet. Damit kann die flächendeckende Nutzung des Weidelandes gefördert werden. Zur Steigerung des Tierwohls wird die Haltung von Nutztieren in besonders tierfreundlichen Ställen (BTS) mit Direktzahlungen gefördert. Unterstützt werden auch Tierhalter, die ihren Tieren regelmässig freien Auslauf gewähren (RAUS).

FUTTERMITTELKONTROLLE

Die Eidgenössische Forschungsanstalt Agroscope Liebefeld-Posieux (ALP) kontrolliert Futtermittel und bewilligt neue Produkte für die Tierernährung. Damit soll verhindert werden, dass toxische und andere unerwünschte Substanzen in das Fleisch gelangen. Die Futtermittelkontrolle schützt die Landwirtschaft auch vor Täuschung und sorgt dafür, dass die Futtermittel art- und umweltgerecht eingesetzt werden. Bei der amtlichen Futtermittelkontrolle werden sowohl die Herstellerbetriebe als auch die in Verkehr gebrachten Produkte für die Tierernährung auf ihre Konformität geprüft. Die wichtigsten Rechtsgrundlagen finden sich in folgenden Erlassen:

- Artikel 158–165 des Landwirtschaftsgesetzes vom 29. April 1998
- Futtermittelverordnung vom 26. Mai 1999 und
- Futtermittelbuchverordnung vom 10. Juni 1999

UMWELT- UND GEWÄSSERSCHUTZ

Ziel der Umwelt- und Gewässerschutzgesetzgebung ist es, schädliche oder lästige Einwirkungen auf Menschen, Tiere und Pflanzen, ihre Lebensgemeinschaften und Lebensräume zu verhindern, die Fruchtbarkeit des Bodens zu erhalten und die Gewässer vor nachteiligen Einwirkungen zu schützen. Die wichtigsten Rechtsgrundlagen finden sich in folgenden Erlassen:

- Umweltschutzgesetz vom 7. Oktober 1983
- Gewässerschutzgesetz vom 24. Januar 1991
- Gewässerschutzverordnung vom 28. Oktober 1998

Jeder Landwirtschaftsbetrieb mit Nutztierhaltung muss eine ausgeglichene Düngerbilanz ausweisen. Für den anfallenden Hofdünger (Gülle und Mist) gibt es vorgeschriebene Lagerkapazitäten, Richtlinien zum Ausbringen und maximale Werte für die Düngermenge pro Hektare. ■

Der Tierschutz

Die Nutztierhaltung und ihr Umfeld

In der landwirtschaftlichen Tierhaltung sind Nutz- und Schutzaspekte eng verknüpft: Die Nutzleistung der Tiere (z.B. Qualität, Quantität und Energiebilanz des gewünschten Produktes) sowie die Grösse und die Dichte von Tierbeständen lassen sich nur über einen verstärkten Schutz der Tiere vor Krankheiten und Parasiten, über ein kontrolliertes Stallklima und über eine ausgewogene Futterzusammensetzung steigern.

Tierschutz ist ein öffentliches und staatspolitisches Anliegen, das auf ethischen Normen, z.B. Albert Schweitzers Ehrfurcht vor dem Leben, gründet. Was landwirtschaftliche Nutztiere zu ihrem Schutz an Umgebungsstrukturen und Reizen brauchen, ist hingegen nicht ethisch, sondern biologisch, d.h. vom Tier her, zu begründen: «Tiere sind so zu halten, dass ihre Körperfunktionen und ihr Verhalten nicht gestört werden und ihre Anpassungsfähigkeit nicht überfordert wird.» (Schweiz. Tierschutzverordnung, 1981) Das Ausmass von gewährtem Tierschutz ist immer Ausdruck eines Kompromisses zwischen Nutz- und Schutzinteressen, das Ergebnis einer Güterabwägung. «Niemand darf ungerechtfertigt einem Tier Schmerzen, Leiden oder Schäden zufügen.» (Schweiz. Tierschutzgesetz, 1978) «Tiergerecht» bedeutet darum nicht zwingend ein Optimum nach dem aktuellen Stand des Wissens. Tierschutz bei Nutztieren ist ein dynamischer Prozess. Tierschutzbestimmungen werden nicht nur aufgrund neuer wissenschaftlicher Erkenntnisse geändert, sie sind ebenso beeinflusst vom Zeitgeist.

Gesetze und Verordnungen nennen Zielsetzungen (Grundsätze), schaffen Rahmenbedingungen für den Vollzug (z.B. Übergangsfristen, Strafmasse), legen Verbote (z.B. Anbindehaltung bei Schweinen) und Grenzwerte (z.B. Mindestabmessungen für Läger beim Milchvieh) fest. Ein Novum im Bereich des Tierschutzes ist, dass der Bund über die selektive Ausrichtung von Direktzahlungen Anreize schafft, den Ansprüchen von Nutztieren über das absolute Minimum hinaus Rechnung zu tragen (z.B. BTS-Verordnung, 1998; RAUS-Verordnung, 1998). In allen anderen Staaten werden in der Tierproduktion «Label»-Anforderungen und Zusatzzahlungen von Produzenten-, Vermarktungs- und Konsumentenorganisationen geregelt. Die Definition und die Honorierung von speziellen Leistungen in der modernen Landwirtschaftspolitik kommen jedoch nicht nur dem Tierschutz zugute; sie schaffen auch Grundlagen für die praktische Umsetzung einer nachhaltigen Tierproduktion.

VORREITERROLLE EINGEBÜSST

Im Nutztierschutz hat die Schweiz im europäischen Vergleich ihre Vorreiterrolle in den letzten Jahren weitgehend eingebüsst. Unter dem Druck von Verbraucherschutz und geschwundenem Vertrauen in tierische Produkte entstanden in der EU in rascher Folge moderne Richtlinien zum Schutz von Kälbern, Schweinen und Legehennen sowie zu Transport, Tötung und Schlachtung, deren Forderungen in nationalen Vollzugsverordnungen teilweise noch übertroffen werden (z.B. Deutschland, Niederlande, Schweden). Die aktuellen gesetzlichen Anforderungen in der Schweiz werden beispielhaft für die Fütterung und die Haltung von Kälbern und Galtsauen mit den Regelungen anderer Länder bzw. Staatengemeinschaften (EU) verglichen. Zu beachten ist, dass für die Umsetzung der Forderungen in die Praxis unterschiedlich lange Übergangsbestimmungen bestehen. So werden z.B. Batteriekäfige für die Haltung von Legehennen erst Ende 2011 ganz aus dem EU-Raum verschwunden sein.

Die Qualität gesetzlicher Bestimmungen misst sich an deren Vollzug. Derzeit ist eine Gesamtrevision des Schweizer Tierschutzgesetzes (1978) im Gang. Das Bestreben nach Straffung, Entschlackung und Stufengerechtheit sowie der neue Schwerpunkt auf Information und Ausbildung dürften eine wichtige Grundlage dafür schaffen, dass der kantonale Vollzug der Tierschutzbestimmungen künftig erleichtert und vereinheitlicht wird. Entscheidend für einen effizienten und transparenten Vollzug wird jedoch sein, wie das offen gehaltene gesetzli-

von Markus Stauffacher,
Eidg. Technische Hochschule (ETH), Zürich

che Rahmenwerk bei der nachfolgenden Gesamtrevision der Tierschutzverordnung (1981) mit konkreten und verbindlichen Inhalten gefüllt wird.

SENSIBILISIERTES ÖFFENTLICHES BEWUSSTSEIN

Die Verunsicherung bei den Produzenten und ein beträchtliches Misstrauen bei Konsumentinnen und Konsumenten, bei der Tierärzteschaft und bei Tierschutzorganisationen sind nicht zu unterschätzen. Das öffentliche Bewusstsein ist geschärft; Konsumentinnen und Konsumenten verlangen Transparenz und Sicherheit beim Konsum und Produzenten und Vermarkter Vertrauen in ihre Produkte und die Möglichkeit zu langfristiger Planung. Eine der grössten Aufgaben und Herausforderungen für die Zukunft ist die weltweite Versorgung mit gesunden Nahrungsmitteln. Erzeugung und Absatz von tierischen Produkten sind in der Schweiz und weltweit langfristig nur gesichert, wenn politisch oft und gerne benutzte Begriffe wie «nachhaltig», «umweltverträglich», «rückstandsfrei» und «tierschutzkonform» nicht Worthülsen bleiben, sondern mit in der Praxis umsetzbaren und umgesetzten Inhalten gefüllt sind. Die Schweizer Programme ÖLN, BTS und RAUS sind dafür gute Beispiele.

Bei der Frage «Wie viel Tierschutz brauchen Nutztiere?» steht der Mensch im Zentrum. Was Tiere zu ihrem Schutz brauchen, ist in unzähligen Untersuchungen belegt, und die Forschung geht weiter. Trotzdem verläuft die Diskussion von Tierschutzfragen oft kontrovers und polarisiert. Wesentlich zur Versachlichung und damit zum nachhaltigen Schutz von Tieren kann beitragen, wenn die verschiedenen Ebenen der Argumentationsführung klar getrennt werden: wissenschaftliche Erkenntnisse über die Ansprüche von Tieren, Erfahrung der Tierhalter, Haltungspraxis und Verfahrenstechnik, ethisch motivierter Tierschutz, ökonomische Tragfähigkeit, Konsens zwischen Interessenvertretungen und politischer Entscheid und Vollzug.

Der Tierschutz

Die Nutztierhaltung und ihr Umfeld

ANFORDERUNGEN AN DIE FÜTTERUNG UND HALTUNG VON KÄLBERN

	Schweiz TSchV, 1981 (Revision vom 14. 5. 1997)	**EG/EU** 1991/1997	**Deutschland** 2001	**England** 2000
FÜTTERUNG				
Versorgung mit Eisen	ausreichend	Hämoglobintiter im Blut minimal 4,0 mmol/l	Hämoglobintiter im Blut minimal 6,0 mmol/l	Hämoglobintiter im Blut minimal 4,5 mmol/l
Raufutteraufnahme	> 3. LW Stroh, Heu oder ähnliches Futter ad libitum	ab 2. LW zwingend; 9.–20. LW: von 50 g auf 250 g/Tag erhöhen; in Gruppenhaltung müssen alle Kälber gleichzeitig fressen können	> 8 Tage alt: Stroh, Heu oder ähnliches Futter ad libitum; in Gruppenhaltung müssen alle Kälber gleichzeitig fressen können	> 2. LW zwingend; minimal 100 g/Tag in 3. LW bis 250 g/Tag in 20. LW; in Gruppenhaltung müssen alle Kälber gleichzeitig fressen können
Maulkorb	verboten	verboten	verboten	verboten
HALTUNG				
Einzelhaltung	> 2. LW verboten; Ausnahme Igluhaltung im Freien mit dauerndem Zugang zu Gehege und Sichtkontakt zu Artgenossen	> 8. LW verboten in Betrieben mit > 6 Kälbern; Ausnahme: vet.-med. Gründe, dann Sichtkontakt zwingend	> 8. LW verboten in Betrieben mit > 3 Kälbern vergleichbaren Alters; Ausnahme: vet.-med. Gründe, dann Sichtkontakt zwingend	> 8. LW verboten; Ausnahme: vet.-med. Gründe, dann Sichtkontakt zwingend
Anbindehaltung	verboten bis Alter 4 Monate, ausgenommen kurzfristig bei Aufzuchtkälbern und zum Tränken	verboten, ausgenommen < 1 Std. beim Tränken mit Milch oder Milchaustauscher	verboten, ausgenommen < 1 Std. beim Tränken mit Milch oder Milchaustauscher	verboten, ausgenommen < 1 Std. beim Tränken mit Milch oder Milchaustauscher
Mindestanforderungen Bodenfläche/Tier in Gruppenhaltung	1,2–1,5 m^2 bis 4 Mte.	1,5 m^2 < 150 kg 1,7 m^2 151–220 kg 1,8 m^2 > 220 kg	1,5 m^2 < 150 kg 1,7 m^2 151–220 kg 1,8 m^2 > 220 kg; bei nur 2–3 Kälbern bis 8. LW 4,5 m^2, > 8. LW 6 m^2/Tier	1,5 m^2 < 150 kg 2,0 m^2 151–200 kg 3,0 m^2 > 200 kg
Boden und Einstreu	Liegebereich mit ausreichender und geeigneter Einstreu	rutschsichere, stabile Böden; für Kälber < 2 Wochen alt: Einstreu zwingend	trockener, weicher Liegebereich; differenzierte Anforderungen für perforierte Böden; für Kälber < 2 Wochen alt: Einstreu zwingend	gleitsichere, weiche Böden; Einstreuanteil für alle Kälber; in Hütten Liegebereich mit ausreichender und trockener Einstreu

LW = Lebenswoche

von Markus Stauffacher,
Eidg. Technische Hochschule (ETH), Zürich

ANFORDERUNGEN AN DIE FÜTTERUNG UND HALTUNG VON GALTSAUEN

	Schweiz TSchV, 1981 (Revision vom 14.5.1997)	EG/EU 1991 (Revision vom 23.10.2001)	Niederlande 1998	England 2000
FÜTTERUNG				
Fütterung		Futter mit hohem Rohfaseranteil (mehrmals täglich) und Kraftfutter (mind. einmal täglich), das den Kautrieb der Tiere befriedigt	angemessene Raufuttergabe gemäss Empfehlungen	
Beschäftigung	über längere Zeit Zugang zu Stroh, Raufutter oder anderen geeigneten Gegenständen	ständiger Zugang zu Wühlerde oder Beschäftigungsmaterial für alle Sauen	Zugang zu Stroh oder anderen geeigneten Gegenständen	Zugang zu Stroh oder anderen geeigneten Gegenständen
HALTUNG				
Einzelhaltung	Kastenstände nur während Deckzeit und höchstens während zehn Tagen	nur bis 4. Woche nach Decken bzw. ab 7. Tag vor Abferkeltermin; Einzelbuchten so gross, dass Sau sich mühelos umdrehen kann	nur zwei Tage vor bis vier Tage nach dem Decken sowie ab 7. Tag vor Abferkeltermin	keine zeitliche Einschränkung; Einzelbuchten so gross, dass Sau sich mühelos umdrehen kann
Anbindehaltung	verboten	verboten	verboten	verboten
Gruppenhaltung	Fixierung in Fressständen oder Fressliegeboxen nur während der Fütterung	gemeinsame Liegefläche zusätzlich zu Kotbereich und etwaigen Fressständen; Fütterungssystem muss gewährleisten, dass jedes einzelne Tier, ohne angegriffen zu werden, ausreichend fressen kann	gleichzeitige Futteraufnahme für alle Sauen bei restriktiver Fütterung bzw. ohne Abruffutterstationen (Troglänge minimal 30 cm/Tier)	gleichzeitige Futteraufnahme für alle Sauen bei restriktiver Fütterung bzw. ohne Abruffutterstationen; Massnahmen zur Verhinderung übermässiger Aggression
Mindestanforderungen Bodenfläche/Tier in Gruppenhaltung	Liegefläche minimal 1,1 m^2/Tier; bei Teil-/Vollspaltenboden minimal 1,3 m^2/Tier	Liegefläche minimal 1,3 m^2/Tier	2,25 m^2/Tier, davon minimal 1,3 m^2 planbefestigt	

Ökologische Aspekte und Qualität

Die Nutztierhaltung und ihr Umfeld

QUALITÄTSPRODUKTION IN DER NUTZTIERHALTUNG

Konsumentinnen und Konsumenten von Schweizer Fleisch verlangen eine einwandfreie, ökologisch und ethisch vertretbare Aufzucht und Mast der Nutztiere. Bezogen auf die Art und Weise und das Niveau dieser Tierhaltung werden eine klare Deklaration und die Wahlmöglichkeit gewünscht.

Verschiedene Vorschriften, Massnahmen und Förderprogramme helfen dem Tierhalter und Schlachtviehproduzenten, diesen Forderungen der Konsumenten und der Gesellschaft nachzukommen:

- Die schweizerische Tierschutzgesetzgebung, abgestützt über die Kontrollen im Rahmen des «ökologischen Leistungsnachweises (ÖLN)»
- Das Qualitätsmanagement-Programm «QM-Schweizer Fleisch»
- Ein obligatorisches Behandlungsjournal und das Verbot von Antibiotika zur Leistungsförderung
- Diverse Label- oder Markenfleischprogramme
- Die staatlichen Förderprogramme «Besonders tierfreundliche Stallhaltungssysteme (BTS)» und «Regelmässiger Auslauf ins Freie (RAUS)»
- Die neue Tierverkehrskontrolle und damit die Rückverfolgbarkeit der Tierbewegungen

QUALITÄTSMANAGEMENT-PROGRAMM «QM-SCHWEIZER FLEISCH»

Um das Vertrauen der Konsumenten in die Tierhaltung zu stärken, wurde 1999 vom Schweizerischen Bauernverband und von weiteren Produzentenorganisationen das Qualitätsmanagement-System «QM-Schweizer Fleisch» eingeführt. Obwohl die Beteiligung für die Tierhalter grundsätzlich freiwillig ist, sind heute mit über 20 000 Betrieben (inklusive «QM-Schweizer Fleisch» als Grundvoraussetzung in Labelprogrammen) die meisten Schlachtviehproduzenten angeschlossen. Mit «QM-Schweizer Fleisch» sichern und fördern unsere Bauern die Qualität ihrer Tierhaltung und Fleischproduktion auf dem Niveau der schweizerischen Gesetze. Sie garantieren den Konsumenten, dass ihre Tiere umwelt- und tierschutzkonform gehalten werden. Auf die Tiergesundheit wird sehr geachtet. Falls nötig, werden Arzneimittel sorgfältig und ordnungsgemäss eingesetzt und konsequent in einem Journal festgehalten. Die strenge Schweizer Tierschutzgesetzgebung wird konsequent eingehalten. Dank dem QM-Handbuch kennt der Tierhalter alle Vorschriften und wird über Änderungen auf dem Laufenden gehalten. Alle Tierhalter, welche beim «QM-Schweizer Fleisch» mitmachen, werden regelmässig von unabhängigen Kontrollorganisationen mit einer ausführlichen Checkliste für Betrieb und Stall gründlich überprüft.

OBLIGATORISCHES BEHANDLUNGSJOURNAL UND DAS VERBOT VON ANTIBIOTIKA ZUR LEISTUNGSFÖRDERUNG

Im Gegensatz zu den meisten anderen Ländern ist in der Schweiz seit 1999 der Einsatz von antimikrobiellen Leistungsförderern verboten. Müssen kranke Nutztiere mit Medikamenten behandelt werden, so ist jede Behandlung in einem Behandlungsjournal nachweislich festzuhalten. Um dem Konsumenten Produkte ohne Rückstände zu garantieren, müssen die Absetzfristen genau eingehalten werden. Der Tierhalter muss zudem über den Zukauf von Medikamenten Buch führen.

LABELPROGRAMME

Die Bedeutung der Labelproduktion in der schweizerischen Tierhaltung ist im internationalen Vergleich sehr gross und steigt weiter. Je nach Tierart liegen die entsprechenden Anteile an der jeweiligen Gesamtproduktion schätzungsweise zwischen 30 und 50 Prozent, bei der Mutterkuhhaltung (Natura-Beef) und der extensiven Weidemast sogar bei gegen 100 Prozent. Der Anteil Bio-Produktion dürfte beim Fleisch bei 2–5 Prozent liegen.
Als Grundanforderung für alle Programme gilt selbstverständlich die Tier- und Gewässerschutz-Gesetzgebung. Daneben beinhalten die rund zehn grossen gesamtschweizerischen Programme unterschiedliche Haltungsanforderungen, welche über die Gesetzgebung hinausgehen. Wichtige Punkte sind dabei die Forderung von Mehrflächenbuchten, eingestreuten Liegeflächen, permanentem Auslauf ins Freie, angemessenen Buchtengrössen, Gruppenhaltung und ausreichend Tageslicht. Die Anforderungen sind unterschiedlich und

von Roland Künzler,
Landwirtschaftliche Beratungszentrale (LBL), Lindau

werden bei Bedarf neuen Erkenntnissen angepasst. Um dem Tierhalter den Überblick zu erleichtern, veröffentlicht die Landwirtschaftliche Beratungszentrale Lindau (LBL) periodisch eine detaillierte Zusammenstellung der verschiedenen Labelprogramme in der Tierhaltung.

STAATLICHE FÖRDERPROGRAMME

Mit den staatlichen Beiträgen für die Programme «Regelmässiger Auslauf ins Freie» (RAUS) und «Besonders tierfreundliche Stallhaltungssysteme» (BTS) wird eine Verbesserung des Wohlergehens und der Gesundheit der Tiere angestrebt. Seit ihrer Einführung 1993 bzw. 1996 nimmt die Beteiligung an den Programmen RAUS und BTS ständig zu. Heute werden die Tiere bereits auf zwei Dritteln der Betriebe gemäss dem Programm RAUS, auf einem Drittel gemäss BTS gehalten. Das Programm BTS schreibt beispielsweise bei den Milchkühen Laufställe mit einer weichen, verformbaren Liegefläche vor. Das Programm RAUS verpflichtet die Landwirte, die Tiere regelmässig ins Freie zu lassen. Die Programme können miteinander kombiniert werden.

BTS bei den Mastschweinen bedeutet dauernden Zugang zu mindestens zwei getrennten Bereichen. Die Liegefläche darf keine Perforierung aufweisen und muss mit ausreichend Langstroh eingestreut sein. RAUS gewährt den Mastschweinen täglichen Auslauf ins Freie. Der Laufhof muss sich grösstenteils im Freien befinden und mindestens 70 Prozent der vorgeschriebenen Fläche müssen frei sein von Spaltenboden.

In diversen Volksabstimmungen zu Tierschutz- und Landwirtschaftsvorlagen haben die Stimmbürgerinnen und -bürger immer wieder ihren Willen für eine ökologische und tiergerechte Landwirtschaft bekundet. Das tägliche Einkaufsverhalten entspricht allerdings oft nicht dieser politischen Willensäusserung. Entsprechend wurde mit den staatlichen Förderprogrammen im Tierschutzbereich eine gewisse Verlagerung von der Abgeltung über Marktpreise zu Abgeltungen über Steuergelder herbeigeführt.

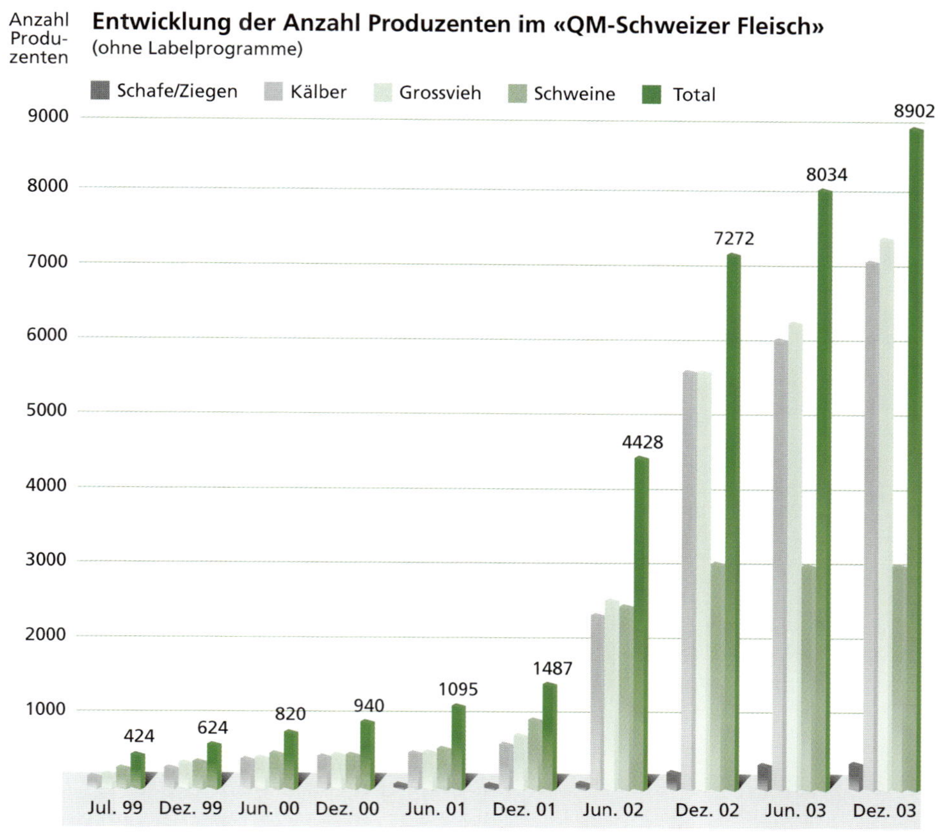

Quelle: Geschäftsstelle «QM-Schweizer Fleisch»

TIERVERKEHRSKONTROLLE

Sicherheit schaffen – Vertrauen gewinnen – Chancen im Wettbewerb verbessern. Mit diesen Zielen wurde 1999 in der Schweiz eine neue Tierverkehrskontrolle eingeführt. Die Tierverkehrskontrolle bietet die Möglichkeit, allfällige Tierseuchen gezielt, effizient und frühzeitig zu bekämpfen. In einem Krisenfall kann der Schaden durch die Tierverkehrskontrolle begrenzt werden. Dazu gehören:

Ökologische Aspekte und Qualität

Die Nutztierhaltung und ihr Umfeld

- Ein nationales Betriebsregister:
  Der Bund führt nach den Angaben der Kantone ein zentrales Register mit allen Betrieben, in denen Klauentiere (Rinder, Schweine, Schafe, Ziegen und Hirsche) gehalten, gehandelt oder geschlachtet werden.

- Tierkennzeichnungen:
  Alle Klauentiere müssen nach einem einheitlichen System mit offiziellen Ohrmarken gekennzeichnet sein.

- Begleitdokument:
  Jeder Tierhalter und jede Tierhalterin stellen ein Begleitdokument aus, wenn ein Tier den Betrieb verlässt. Dieses Dokument muss dem neuen Tierhalter oder dem Schlachthof übergeben werden. Eine Kopie des Begleitdokuments verbleibt auf dem Herkunftsbetrieb und eine beim Vermarkter.

- Tierverzeichnisse:
  Tierhalter und Tierhalterinnen führen aktuelle Verzeichnisse über ihren Tierbestand.

- Tierverkehrsdatenbanken:
  Beim Rindvieh müssen alle Geburten, Tierbewegungen und Schlachtungen einer zentralen Tierverkehrsdatenbank gemeldet werden. Dies geschieht über Meldekarten oder immer häufiger über Internet. Alle Tierdaten werden geprüft und aufbereitet. Diese Daten können auch von Dritten genutzt werden, zum Beispiel von Zuchtorganisationen, Schlachtbetrieben oder Labelprogrammen.

RÜCKVERFOLGBARKEIT

Neue Projekte werden realisiert, welche eine Rückverfolgbarkeit des Endproduktes Fleisch von der Ladentheke bis in den Stall erlauben. Für die Konsumentinnen und Konsumenten ermöglicht die Tierverkehrskontrolle mehr Transparenz, da die Herkunft und die Stationen von geschlachteten Tieren ermittelt werden können. Diese Rückverfolgbarkeit stärkt das Vertrauen in die Fleischproduktion. Da die Tierverkehrskontrolle dem internationalen Standard der Kennzeichnung und der Rückverfolgbarkeit entspricht, können Schweizer Tiere, Schweizer Fleisch und weitere Produkte aus Schweizer Tierhaltung auch auf ausländischen Märkten vermarktet werden.

5978
5978

Labelprogramme: der Tatbeweis für tiergerechte Haltung

Die Nutztierhaltung und ihr Umfeld

Schweizer Konsumentinnen und Konsumenten stellen hohe Ansprüche an Lebensmittel. Sie wünschen qualitativ hoch stehende, gesunde und sichere Produkte aus einer umwelt- und tiergerechten Produktion. Sensibilisiert durch die vielen Negativschlagzeilen in den letzten Jahren (BSE, Hormonskandale, Geflügelpest usw.), möchten Konsumentinnen und Konsumenten heute wissen, woher ein Nutztier stammt und wie seine Haltungsbedingungen waren. Sie haben ein Recht auf klare und korrekte Deklarationen. Die gesetzlichen Auflagen in der Schweiz sind dafür im Vergleich mit dem Ausland sehr streng. Zahlreiche Gesetze und Verordnungen garantieren eine hygienische Verarbeitung und klare Angaben über Zutaten und Herkunft. Die Schweiz verfügt zudem über eine Tierverkehrsdatenbank, in der alle Ereignisse elektronisch erfasst werden. Bei den Klauentieren ist damit die Rückverfolgbarkeit vom Schlachthof bis zum Geburtsbetrieb garantiert.

Die schweizerische Landwirtschaft hat sich in den letzten Jahren stark für eine umweltgerechtere und tierfreundlichere Produktion eingesetzt. Biologisch geführte Betriebe unterstehen strengen Richtlinien im Anbau und in der Fütterung, sie achten auf eine intakte Umwelt und tiergerechte Haltungsformen. 96 Prozent der landwirtschaftlichen Betriebe produzieren nach dem Prinzip der Integrierten Produktion (IP) und erbringen damit den «ökologischen Leistungsnachweis (ÖLN)».

Die Produzenten werden vom Bund für diese Leistungen mit Direktzahlungen entschädigt. Gefördert und ebenfalls abgegolten werden zwei Zusatzprogramme, die über den vom Schweizerischen Tierschutzgesetz festgelegten Standard hinausgehen und damit den Nutztieren noch tiergerechtere Haltungsformen bringen. RAUS (Regelmässiger Auslauf von Nutztieren im Freien) regelt die Häufigkeit eines Auslaufs im Laufhof und auf der Weide. BTS (Besonders tierfreundliche Stallhaltungssysteme) schreibt Freilaufställe und Einstreu vor. Die Schweizerischen Landwirtschaftlichen Forschungsanstalten unterstützen mit ihren Programmen die Arbeit in der Landwirtschaft.

PRODUKTIONSLINIEN UND LABELS

In der Schweiz gibt es drei Produktionslinien: Bio, IP und die konventionelle Produktion. Sie unterscheiden sich hauptsächlich in der Art des Pflanzenschutzes, der Düngung sowie der Tierhaltung und erfüllen alle den gesetzlichen Standard, den das Schweizerische Tierschutzgesetz vorgibt. Auf 97,3 Prozent der landwirtschaftlichen Nutzfläche wird von den Produzenten der ÖLN erbracht. Die übrigen Bauern erhalten vom Bund keine Beiträge, meist weil ihre Betriebe zu klein oder zu gross sind oder die Betriebsleiter älter sind als 65 Jahre.

BIO-PRODUKTION

Die meisten Betriebe haben eine Kombination von RAUS und BTS. Gegenüber den klassischen Bio-Marktsegmenten wie Gemüse, Früchte, Milch, Milchprodukte und Eier beträgt der Marktanteil für Bio-Fleisch erst 4 Prozent. Er steigt aber stetig, vor allem auch, weil die Grossverteiler Bio-Fleisch-Produkte in ihrem Labelsortiment fördern.

Jeder Bio-Produzent bekennt sich zu einem Produktionsprogramm mit jeweils eigenen Richtlinien (z.B. Knospe, kagfreiland, Migros Bio usw.), die in einigen Punkten sogar über die Schwei-

von Liselotte Steffen,
Konsumentenforum (kf), Zürich

zerische Bio-Verordnung hinausgehen können. Für die Produktion von Bio-Produkten muss der gesamte Betrieb biologisch geführt werden.

Jedes Produktionsprogramm wählt sein Label selber, das im Markenschutzregister hinterlegt wird. Der Labelgeber muss sich selber darum bemühen, dass die Reglemente eingehalten werden. Bei allen Bio-Programmen ist Gentechnik auf allen Stufen der Produktion verboten.

FLEISCHLABEL MIT ÖLN

In diesem Segment wird der weitaus grösste Teil der Fleischproduktion abgedeckt. Die Schweizer Schlachtviehproduzenten garantieren die Einhaltung der gesetzlichen Auflagen sowie Aufzucht und Mast in der Schweiz.

Auch für die Nicht-Bio-Labels müssen die Gesamtbetrieblichkeit und eine Warenflusskontrolle erfüllt werden. Etliche Betriebe erfüllen bereits eine Kombination von RAUS und BTS oder nur BTS. Die Kontrollen gehen zum Teil weniger weit als bei der Bio-Produktion. Die akkreditierten Kontrollorgane gelten als unabhängig, aber die Kontrolle erfolgt nur auf dem Betrieb. Auch hier ist Gentechnik auf allen Stufen der Produktion verboten.

Die Vielzahl der Labels zeigt, wie schwierig es für Konsumentinnen und Konsumenten ist, sich zurechtzufinden. In beiden Segmenten zeichnen die Labels Produktionslinien auf, die zum Teil gleichwertig sind oder sich nur geringfügig unterscheiden. Eine Vereinheitlichung ist mehr als nur wünschenswert.

LABELS AUS DER BIO-PRODUKTION

- **Bio Suisse**
- **Bio Engagement Migros**
- **Bio Weide-Beef**
- **demeter**
- **fidelio**
- **kagfreiland**
- **Natura-Beef Knospe**

LABELS AUS DEM NICHT-BIO-SEGMENT

- **Agri Natura**
- **Coop Naturaplan**
- **IP Suisse**
- **Migros 7-Punkte-Fleischgarantie**
- **Natura-Beef** (aus nicht biologischen Betrieben)
- **Swiss Premium Rindfleisch**
- **Swiss Prim Gourmet, Swiss Prim Porc, Swiss Prim Beef, Swiss Prim Veal, Swiss Prim Lamb**

Das Lebensmittel Fleisch

Streng kontrolliert von Gewinnung bis Konsum

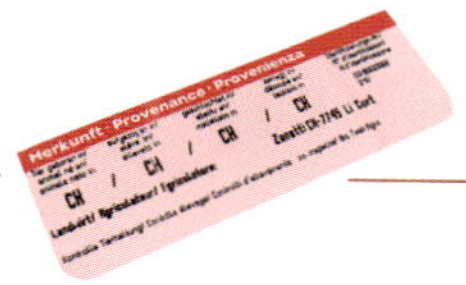

Der schweizerische Fleischmarkt

Das Lebensmittel Fleisch

Die Fleischwirtschaft verwertet rund einen Drittel der gesamten landwirtschaftlichen Endproduktion und ist damit (nur knapp hinter der Milchwirtschaft) die bedeutendste Produzentin von Nahrungsmitteln aus einheimischen Rohstoffen. Zur Gewährleistung

von Qualität und Sicherheit, aber ganz generell im Interesse einer bedarfsgerechten Produktion, wird heute unter dem Motto «Vom Stall bis zum Tisch» bewusst die Wertschöpfungskette in ihrer Gesamtheit betrachtet und besonders darauf Wert gelegt, dass sich die Marktteilnehmer aller Stufen sorgfältig aufeinander abstimmen. Tatsächlich sind es verschiedenste Akteure auf mehreren Stufen, die in zahlreichen Schritten wie ein ausgeklügeltes Räderwerk ineinander greifen müssen, bis schliesslich das Ziel erreicht ist: die Versorgung der Konsumentinnen und Konsumenten mit einem wertvollen und gesunden Nahrungsmittel, das in Menge und Qualität den Bedürfnissen der Verbraucherinnen und Verbraucher entspricht.

VOLKSWIRTSCHAFTLICHE BEDEUTUNG

Von der Fleischgewinnung in den Schlachtanlagen über die Zerlegung in verkaufsfertiges Frischfleisch, von der Verarbeitung zu Charcuterie- und Wurstwaren bis zur Herstellung einer wachsenden Zahl von Fleischerzeugnissen und Convenience-Produkten, vom Grosshandel mit Verarbeitern und Wiederverkäufern bis zum Detailhandel im Fleischfachgeschäft sind es rund 25 000 Beschäftigte in 2 500 Betrieben, die – zusammen mit den Konsumentinnen und Konsumenten – den schweizerischen «Fleischmarkt» betreiben. In Tat und Wahrheit sind es allerdings weit mehr, denn die Betriebszählung erfasst unter den Verarbeitungs-, Gross- und Detailhandelsbetrieben lediglich diejenigen, in denen man sich ausschliesslich oder hauptsächlich mit dem Nahrungsmittel Fleisch befasst. In zahlreichen zusätzlichen Unternehmen spielen Fleisch und Fleischerzeugnisse aber ebenfalls eine Rolle. Im Einzelhandel wird dies besonders deutlich, denn auch im Sortiment vieler Detailverkaufspunkte, die nicht als Fleischfachgeschäfte gelten, sind Fleischprodukte wichtige Teile des Angebots. So erstaunt es nicht, dass die Fleischindustrie, gemessen an der Zahl der Firmen und Beschäftigten sowie bezüglich des Umsatzes, mit Abstand den bedeutendsten Zweig der schweizerischen Nahrungsmittelindustrie darstellt.

von Balz Horber,
Verband Schweizer Metzgermeister (VSM), Zürich

GEWERBLICHE METZGEREIEN

In den traditionellen gewerblichen Metzgereien vereinigen sich verschiedene Funktionen der Fleischverwertung: Vielfach ist es derselbe Gewerbebetrieb, der aus eigener Schlachtung Fleischerzeugnisse herstellt und – ergänzt durch ein Zusatzsortiment – im Fachgeschäft anbietet. In der Statistik sind sie unter den Detailhandelsbetrieben der Fleischbranche aufgeführt, da ihre Geschäftstätigkeit auf den Endverkauf ausgerichtet ist.

Obschon sich die Zahl der Metzgereien seit 1990 um annähernd einen Drittel reduziert hat, bilden sie mit ihren rund 1600 Betrieben nach wie vor einen wichtigen Pfeiler der Branche. Sie beschäftigen insgesamt eine stabile Zahl an Arbeitskräften und machen rund 85 Prozent der auf den Fachhandel fokussierten Betriebe der Fleischwirtschaft aus. Daran zeigt sich, dass kurze Verarbeitungs- und Handelswege vom Bauern zur Konsumentin und zum Konsumenten in der Fleischbranche nach wie vor einen sehr hohen Stellenwert haben. Als Mittler zwischen Kundschaft und Landwirtschaft nehmen die am Fleischmarkt beteiligten Unternehmen die Rolle der Garanten für Qualität, Sicherheit, Frische und Rückverfolgbarkeit wahr. Sie haben die tägliche Versorgung der Bevölkerung mit dem gewünschten Angebot sicherzustellen und die Wirtschaftlichkeit des gesamten Warenflusses zu gewährleisten.

Insbesondere durch die bedeutenden Funktionen des Metzgereigewerbes, aber auch als Folge einer bewussten Standortpolitik der Industrie wirkt sich der Fleischmarkt zugunsten einer landwirtschaftsnahen Verarbeitung und dezentralen Versorgung aus, womit er auch einen wesentlichen Beitrag zur wirtschaftlichen Stärkung der Randregionen leistet.

ZWANG ZUR ANPASSUNG

Die wirtschaftlichen, agrarpolitischen und lebensmittelrechtlichen Rahmenbedingungen des Fleischmarktes haben sich in den letzten Jahren grundlegend verändert und sind weiterhin in Bewegung. Der anhaltende Rationalisierungsdruck, die in raschem Rhythmus veränderten gesetzlichen Bestimmungen und die steigenden Ansprüche der Konsumentinnen und Konsumenten zwingen zu ständigen Anpassungsprozessen. Damit verändern sich die Strukturen der Fleischbranche laufend. Sie entwickeln sich unter scharfen Wettbewerbsbedingungen. Die schweizerische Agrarpolitik stützt den inländischen Schlachtvieh- und Fleischmarkt nur auf bescheidenem Niveau. Dem stehen ein hohes Ausmass an Grenzschutz und Inlandpreise gegenüber, die – nicht generell, aber teilweise – bis zum Doppelten derjenigen im benachbarten Ausland ausmachen. Mit einer wachsenden internationalen Konkurrenz – sei sie eine Folge von Handelsverträgen oder des Einkaufs der Konsumentinnen und Konsumenten jenseits der Grenzen – stehen neue Herausforderungen und ein weiterer Anpassungsdruck bevor.

VERÄNDERTE KONSUMGEWOHNHEITEN

Die veränderten Konsumgewohnheiten stehen am Anfang der Umwälzung im schweizerischen Fleischmarkt. Nicht nur Menge und Qualität, sondern auch die Fleischarten und -produkte unterliegen Trends, die den Markt bestimmen. Gemessen am Höchststand von 1987 liegt der Absatz von Rindfleisch bei etwa 70 Prozent, von Kalb- und Schweinefleisch heute bei 80 Prozent, von Geflügel aber bei rund 140 Prozent, was deutliche Verschiebungen bei den Konsumgewohnheiten signalisiert. Dazu gehört auch, dass inzwischen bedeutend mehr als die Hälfte des Fleisches ausserhalb der eigenen vier Wände konsumiert wird, d.h. im Gastgewerbe und in anderen Einrichtungen der kollektiven Verpflegung und – immer wichtiger – an Imbissständen und in Form von Snacks «zwischendurch».

Wurstwaren und Charcuterieartikel halten ihre traditionell bedeutende Position, während Fleisch in Form von Halbfertig- und Fertiggerichten immer wichtiger wird. Produkte der «Sandwicheria», von der Pizza bis hin zu einer Vielzahl von Lebensmitteln mit einem grösseren oder kleineren Fleischanteil, konsumfertig oder mit wenig Aufwand zubereitet, spielen eine wachsende Rolle auf dem Fleischmarkt. Damit ist der Fleischmarkt keine statische, sondern eine ausgesprochen dynamische, differenzierte Grösse.

15 SCHLACHTBETRIEBE PRODUZIEREN 80 PROZENT DER FLEISCHMENGE

So differenziert sich der Fleischmarkt präsentiert, wenn man ihn aus der Optik der Konsumentinnen und Konsumenten betrachtet, so wenig kann ein einheitliches Bild der Angebotsseite gezeichnet werden. An der Schnittstelle zwischen Landwirtschaft und Verwertern stehen die Schlachtbetriebe. Ihre Funktion ist die «Fleischgewinnung» und sie vertreten – im Kontext der gesamten Nahrungsmittelindustrie – die «Verarbeitung der ersten Stufe». Sie beschaffen sich die Schlachttiere entweder direkt beim Bauern, durch Vermittlung des Schlachtviehhandels oder auf öffentlichen Viehmärkten. Die rund 15 bedeutendsten Schlachtbetriebe dürften etwa 80 Prozent der gesamten Fleischmenge gewinnen. Dies macht es aber gerade auch für kleine Schlachtstellen interessant, Nischen zu belegen, da kurze Verarbeitungs- und Transportwege von einem wachsenden Konsumentenkreis geschätzt werden. Das Netz der Schlachtbetriebe ist in der Schweiz bedeutend dichter als im europäischen Ausland.

Der schweizerische Fleischmarkt

Das Lebensmittel Fleisch

Viele Schlachtunternehmen sind mit Produktionsbetrieben für Wurst- und Charcuteriewaren kombiniert. Soweit das gewonnene Fleisch nicht dafür verwendet wird oder in einen gewerblichen Metzgereibetrieb integriert ist, wirken die Schlachtunternehmen als Fleischgrosshändler. Sie liefern Frischfleisch in Hälften oder grossen Stücken an die Fleischwarenfabrikanten und Metzgereien zur Weiterverarbeitung. Die Zahl der Produktionsbetriebe für Fleischwaren, Wurst- und Charcuterieartikel ist stabil. Rund 180 Betriebe befassen sich schwergewichtig mit dieser Tätigkeit. Die Tatsache, dass Fleisch in einem immer breiteren Spektrum von Erzeugnissen verarbeitet oder mit verwendet wird, erklärt, weshalb in den letzten Jahren sogar eher mehr Verarbeitungsbetriebe der «zweiten Stufe» entstanden sind – im Gegensatz zu den Konzentrationsbewegungen bei den Schlachtanlagen. Die Verarbeitungs- und Grosshandelsbetriebe beliefern den Detailhandel und – für den Fleischmarkt ebenso bedeutungsvoll – die Institutionen der kollektiven Verpflegung.

NEUE FORMEN DES DETAILHANDELS

Besonders dynamische Veränderungen spielen sich im Detailhandel ab, der den wechselnden Wünschen der Kundschaft zu folgen hat. Er ist nach Zahl der Betriebe und Beschäftigten der bedeutendste Bereich des Fleischmarktes.

Rund 2 000 Detailverkaufspunkte und knapp 10 000 Arbeitskräfte sind spezialisiert auf den Verkauf von Fleisch und Fleischwaren. Dabei sind die Grenzen zwischen Detailhandel und Gastgewerbe fliessend, denn nicht nur im Metzgereigewerbe, sondern auch bei Grossverteilern ist der Partyservice zu einem wichtigen Standbein geworden. An Imbissständen, die wie Pilze aus dem Boden schiessen, werden bedeutende Mengen von Fleisch und Fleischerzeugnissen abgesetzt. Wachsende Bedeutung haben neue Angebotsformen wie Tankstellenshops oder Bahnhofsgeschäfte mit Öffnungszeiten abends und an Sonntagen.

Im Endverkauf laufen also unterschiedliche Entwicklungen gleichzeitig ab: wachsende Bedeutung des Gastgewerbes, Konzentration des Einzelhandels bei marktmächtigen Unternehmen, gleichzeitig eine Diversifizierung in neuen Formen des Detailhandels. Obschon das Fleisch längst nicht mehr nur in der Metzgerei angeboten wird, bildet diese nach wie vor den Kern des Fachhandels und beteiligt sich an der Belieferung des Gastgewerbes sowie an neuen Distributionsformen.

Fazit: Fleisch, das heute zum Konsumenten gelangt, ist nicht mehr dasselbe Produkt, das es vor zehn Jahren war. Es weist einen höheren Verarbeitungsgrad auf und hat den Verbraucher über komplexe Produktions- und Verteilkanäle erreicht. Diese wiederum erfordern zur Gewährleistung von Frische und Sicherheit einen hohen logistischen Aufwand. Auf diese Weise erzielen Fleisch und Fleischerzeugnisse während des ganzen Prozesses eine bedeutende Wertschöpfung. Diese weiter zu steigern, ist das Ziel aller am Fleischmarkt beteiligten Akteure. ■

getrocknete
Tomaten
38.-
Schinken-
rollen
Fleischkäse

Das ABC der Fleischfachleute

Das Lebensmittel Fleisch

Ausbildungsträger der beiden Grundberufe Metzger und Detailhandelsfachfrau bzw. -fachmann der Schweizer Fleischwirtschaft ist der Verband Schweizer Metzgermeister. In den Kantonen sind die gewerblich-industriellen Berufsschulen für die Umsetzung verantwortlich, auf nationaler Ebene das Ausbildungszentrum für die Schweizer Fleischwirtschaft in Spiez.

Berufe der Schweizer Fleischwirtschaft sind Metzger und Detailhandelsfachleute. Mit den drei Wahlpflichtbereichen Gewinnung, Verarbeitung und Veredelung ist eine Spezialisierung im Bereich Metzgerei entstanden. Somit können die jungen Auszubildenden ihre Fähigkeiten und Neigungen ab Lehrbeginn einbringen. So ist die Gewinnerin bzw. der Gewinner sehr praktisch orientiert, die Verarbeiterin bzw. der Verarbeiter hat eine technologische Ausrichtung und die Veredlerin, der Veredler ist auf den Verkaufs-, Traiteur- und Gourmetbereich fokussiert. Detailhandelsfachleute üben den eigentlichen Verkauf in der Branche aus.

Charcuterie, Terrinen, Pasteten, Galantinen und auch Ballottinen sind Spezialitäten, die nicht nur in der welschen Schweiz hergestellt und konsumiert werden: Sie haben einen zentralen Stellenwert in der ganzen Schweiz. Demzufolge sind diese Spezialitäten – und noch viele andere mehr – Ausbildungsthemen, die bereits während des Lernens «gluschtig» machen!

Detailhandelsfachleute – diese Berufsausrichtung beginnt mit einer dreijährigen Lehre in einem Metzgereifachgeschäft. Hier lernen die Auszubildenden alle Kompetenzen und Fertigkeiten, um die veredelten Produkte erfolgreich zu verkaufen. Im Anschluss an die Grundausbildung kann die Detailhandelsfachfrau bzw. der Detailhandelsfachmann die nächste Ausbildungsstufe, die Berufsprüfung, und später die höhere Fachprüfung absolvieren.

Eignungen für die beiden Berufe Metzger und Detailhandelsfachleute ist Freude an praktischer, kreativer und innovativer Tätigkeit. Beide Berufe eignen sich für offene und kontaktfreudige, lernwillige Menschen, die gerne exakt und sauber arbeiten.

Fleisch ist zwar das Grundelement dieser Berufe, aber die Zahl der Produkte und verarbeiteten Materialien erstreckt sich beinahe ins Unendliche. So sind der Verarbeitung von unterschiedlichsten Produkten, Gewürzen und andern Lebensmittelprodukten keine Grenzen gesetzt. Aber auch die Herstellung und der Verkauf von Fertigprodukten, Halbfertigprodukten oder anderen Lebensmitteln machen die Berufe der Fleischwirtschaft sehr abwechslungsreich und spannend.

Gewinnung von Fleisch erfolgt über die Schlachtung von Nutztieren. Freude an der Natur, Liebe zum Tier und ein hohes ethisches Pflichtgefühl, verbunden mit einem tief verankerten Verantwortungsbewusstsein, sind die Charaktereigenschaften dieser Berufsleute.

von Peter Schlatter,
Ausbildungszentrum für die Schweizer Fleischwirtschaft (ABZ), Spiez

Hygiene ist ein zentrales Thema der Branche und demzufolge aller Berufe der Fleischwirtschaft. Qualifizierte Fachleute der Branche sind eigentliche Hygienespezialisten. Ein Ausbildungsschwergewicht ist das HACCP-Konzept, das die innerbetriebliche Hygiene in ein Qualitätssicherungssystem umfassend integriert.

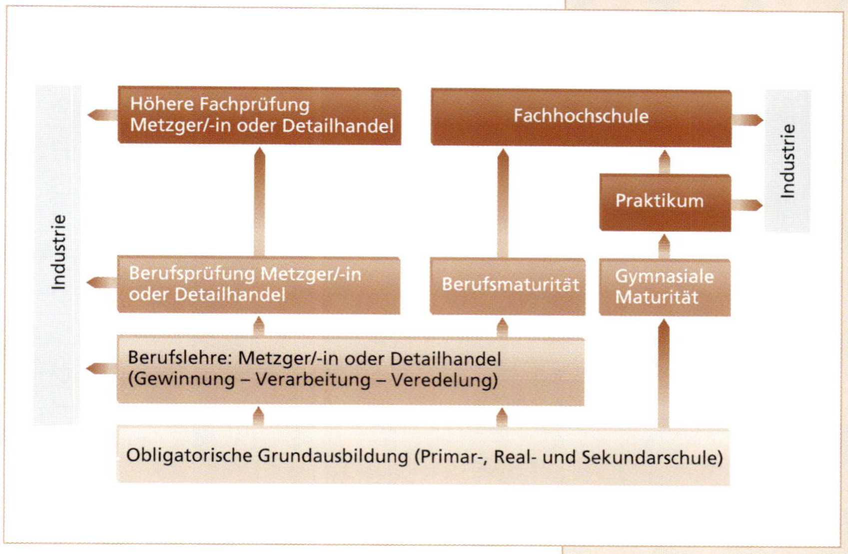

Information der Konsumentinnen und Konsumenten ist in der Branche allgegenwärtig. Die Berufsfachleute bezwecken primär, mit einer transparenten und umfassenden Information über die Herstellung und die Zusammensetzung der angebotenen Lebensmittel bei der Kundin und beim Kunden Vertrauen zu schaffen und zu erhalten.

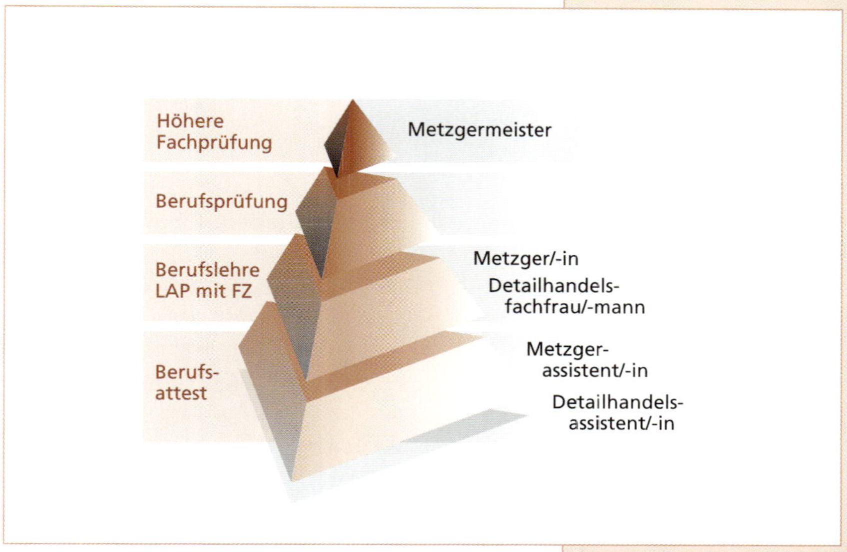

Quelle für beide Grafiken: Peter Schlatter, ABZ Spiez

Kochtipps und allgemeine Ratschläge (Lagertemperaturen, Aufbewahrungsdauer etc.) für eine optimale Behandlung der veredelten Produkte werden von allen Fachleuten sehr gerne und umfassend abgegeben. Demzufolge sind Koch- und Warenkunde, Qualitätsmerkmale und Herstellungstechnologie zentrale Ausbildungsinhalte auf allen Stufen.

Lebensmittelgesetzgebung: Sie ist die Grundlage, auf die sich der gesamte Berufsstand abstützt, und ein täglicher Begleiter in Schule und Praxis.

Meisterprüfungen als Abschluss der obersten beruflichen Ausbildung werden unter der Federführung des Verbandes Schweizer Metzgermeister organisiert und durchgeführt. Diese höhere Fachprüfung, wie die Meisterprüfung heute heisst, ist in zwei Fachbereiche aufgeteilt: Einen zentralen Prüfungsteil bildet die Qualifikation im Rahmen einer erfolgreichen Unternehmensführung (Organisation, Finanz-, Personalmanagement, Marketing etc.). Im zweiten Prüfungsteil wird die Fähigkeit der Kandidaten geprüft, komplexe branchenspezifische Zusammenhänge zu verstehen und zu interpretieren (Landwirtschaftspolitik, Konsumentenschutz, Wirtschaftspolitik etc.).

Nährstoffe und Ernährungslehre sind weitere zentrale Ausbildungsthemen, die die beiden Berufe so abwechslungsreich und interessant machen.

Organisiert wird die Berufslehre durch die Kantone beziehungsweise durch deren Berufsbildungsämter. Sie wird in Zusammenarbeit mit den regionalen beziehungsweise kantonalen Fachverbänden durchgeführt. Ausbildungsinte-

Das ABC der Fleischfachleute

Das Lebensmittel Fleisch

ressierte können sich auch an die Lehrlingsobmänner der Region, an den Verband Schweizer Metzgermeister in Zürich oder an das Ausbildungszentrum für die Schweizer Fleischwirtschaft ABZ in Spiez wenden.

Prüfungsvorbereitungen für alle beruflichen Abschlüsse (Berufslehre Metzgerin und Metzger bzw. Detailhandelsfachfrau und -fachmann, Vorbereitung auf die Berufsprüfung und auf die höhere Fachprüfung-Meisterprüfung) werden durch das Ausbildungszentrum für die Schweizer Fleischwirtschaft ABZ in Spiez angeboten. Die Ausbildungspyramide zeigt den beruflichen Werdegang in der Branche auf.

Qualität und Qualitätssicherung sind im Rahmen der Lebensmittelherstellung ein umfassendes Thema. Verschiedene Qualitätssicherungs- und Managementsysteme sind in der Branche umgesetzt und werden in allen Betrieben täglich angewandt. Jedes Unternehmen der Branche verfügt über ein umfassendes Konzept zur Qualitätsentwicklung und -sicherung auf hohem Niveau. Die dafür ins Leben gerufene Institution «Qualitätssicherung und Beratung – QKS» arbeitet mit zwei zertifizierten Labors zusammen und unterstützt die ganze Branche kompetent.

Reichhaltige Angebote an verschiedenen Fleischsorten, eine breite Palette an Fleischerzeugnissen und viele regionale und saisonale Spezialitäten garantieren eine beinahe grenzenlose Vielfalt.

Sicherheitsmassnahmen und dem Gesundheitsschutz am Arbeitsplatz wird ganz besonders Gewicht beigemessen. Der Verband Schweizer Metzgermeister hat eine Branchenlösung für den Schutz aller Mitarbeiterinnen und Mitarbeiter erarbeitet. Damit ist gewährleistet, dass Arbeitsplätze mitarbeiterfreundlich gestaltet sind, Unfallverhütung täglich gelebt wird und das Wohl der Angestellten im Vordergrund steht. Stolze, traditionsverbundene und realitätsbezogene Berufsverbände der Kantone oder Regionen, verbunden mit dem Fachwissen der Selbsthilfeorganisationen des Verbandes Schweizer Metzgermeister, unterstützen die Berufsleute und die einzelnen Unternehmungen mit Rat und Tat umfassend und kompetent.

Tierschutz und Tierethik sind nicht nur zentrale Ausbildungsthemen, sondern werden auch im täglichen Arbeitseinsatz strikt gelebt. Achtung, Respekt und Verantwortungsbewusstsein werden dem Nutztier jederzeit entgegengebracht.

Umweltschutz und sparsamer Umgang mit Energien und Ressourcen sind in der ganzen Branche unerlässlich. So werden die Lehrlinge und Lehrtöchter bereits ab Lehrbeginn zum schonenden Umgang mit Energien angeleitet und zum umfassenden Schutz unserer Umwelt angehalten.

Verkaufsfächer wie Verkaufspsychologie, Verkaufstechnik und Marketing nehmen einen immer höheren Stellenwert in der Ausbildung ein. Mit kreativen und innovativen Tätigkeiten wie dem Dekorieren von Schaufenstern, dem Beschriften und Aushängen von Tafeln und dem Erstellen von Mailings und Werbebotschaften erhält der neu

von Peter Schlatter,
Ausbildungszentrum für die Schweizer Fleischwirtschaft (ABZ), Spiez

konzipierte Beruf der Detailhandelsfachfrau bzw. des Detailhandelsfachmanns eine weitere abwechslungsreiche Komponente.

Weiterbildung nimmt in der ganzen Branche einen sehr hohen Stellenwert ein. Die Entwicklungen in allen Bereichen der Berufe erfordern ein stetes Dazulernen und Vertiefen von neuem und von bereits erarbeitetem Ausbildungsstoff. All diese Themen werden in kurzen, spannenden Weiterbildungskursen in Spiez oder in den Regionen angeboten.

Xerophile Keime ist ein Stichwort, das der Berufsmann bzw. die Berufsfrau in den Fächern Chemie, Mikrobiologie und Bakteriologie kennen muss. Es geht um Antworten auf Fragen wie: Welche Prozesse laufen in einer Rohwurst ab? Weshalb kann Räuchern die Haltbarkeit sicherstellen? Warum sind Reinigung und Desinfektion so wichtig?

Yak – ein exotisches Nutztier aus dem Himalaja. Metzgerinnen und Metzger bzw. Detailhandelsfachfrauen und -männer müssen es kennen und über ein breit abgestütztes Wissen über in- und ausländische Nutztiere, Gewürze, Zusatzstoffe, Rohstoffe etc. verfügen. Dazu gehört auch die Warenkunde von Exoten wie zum Beispiel Krokodilen, Straussen, Kängurus und Bären.

Zertifikate für alle absolvierten Ausbildungen und bestandenen Module ermöglichen den Berufsleuten eine interessante und abwechslungsreiche Karriere mit Zukunftsperspektiven in einem interessanten Umfeld. ■

Strenge Kontrollen bei der Schlachtung

Das Lebensmittel Fleisch

von Stephan Häsler,
Bundesamt für Veterinärwesen (BVET), Bern

Der Staat sorgt dafür, dass die Lebensmittel hygienisch einwandfrei sind und ihre Herkunft bekannt ist. Das Lebensmittelgesetz überträgt den Kantonen die Kontrolle im Inland und dem Bund die Importkontrolle. In den Verordnungen zum Gesetz werden die Leitplanken für eine hygienische Produktion und die Anforderungen an die verkaufsfertigen Produkte festgelegt.

ZAHLREICHE KONTROLL-INSTANZEN

Bei der Kontrolle von Fleisch und Fleischerzeugnissen teilen sich das Bundesamt für Veterinärwesen (BVET) und das Bundesamt für Gesundheit (BAG) die Verantwortung. Für den Vollzug der Gesetze sind die kantonalen Behörden zuständig. Für die lebenden Tiere und deren Schlachtung sind die Kantonstierärzte und ihre Fleischkontrolleure zu

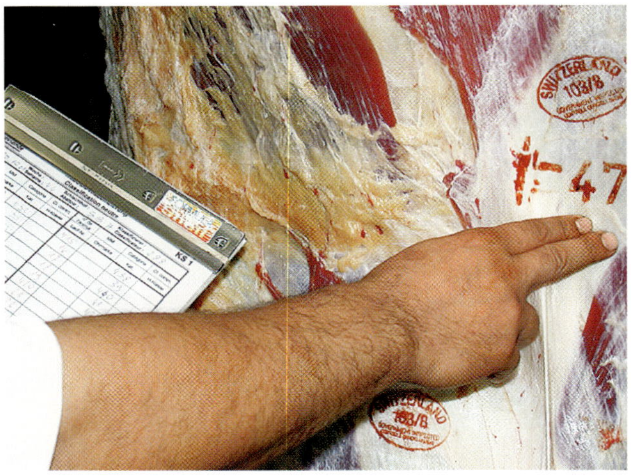

ständig. Die Verarbeitung untersteht je nach Kanton der Kontrolle durch den Tierarzt oder den Kantonschemiker. Die stichprobenweise Kontrolle während der Verarbeitung und des Verkaufs dagegen sind Sache der Kantonschemiker und ihrer Lebensmittelinspektoren.

KONTROLLEN VOR DER SCHLACHTUNG

Die Tierschutzverordnung legt die Rahmenbedingungen für das Wohlbefinden der Tiere fest. Die Vorschriften über die Tierhaltung werden durch die kantonalen Veterinärämter nach gesamtschweizerischen Stichprobenplänen und zusätzlich bei Hinweisen auf Missachtung der Vorschriften kontrolliert. Der Weg der Tiere von der Geburt bis zur Schlachtung wird in einer Tierverkehrsdatenbank registriert. In der Fleischhygieneverordnung wird bereits der Tierhalter in die Pflicht genommen, weil die Fleischhygiene nicht erst im Schlachtbetrieb, sondern im Stall beginnt. Tiere, die zur Schlachtung gebracht werden, müssen gesund und sauber sein. Sie müssen so gefüttert und gepflegt werden, dass sich im Fleisch keine verbotenen Stoffe und keine Stoffe in Mengen über den Höchstkonzentrationen befinden. Die Verabreichung von Medikamenten muss aufgezeichnet werden. Die Tierseuchenverordnung enthält Anweisungen für die Gesundheit der Tiere und die Bekämpfung von Seuchen, namentlich von solchen, die vom Tier auf den Mensch übertragen werden können (z.B. Tuberkulose, BSE, Salmonellose).

KONTROLLEN WÄHREND DER SCHLACHTUNG

Kein Bereich der Lebensmittelproduktion ist so umfassend geregelt wie die Schlachtung, weil hier sowohl der Tierschutz als auch die Tiergesundheit und die Fleischhygiene angesprochen sind. Es geht darum, die Tiere schonend zur Betäubung zu bringen, die Übertragung von Seuchen zu verhindern und die Verunreinigung des Fleisches zu vermeiden. Die Fleischhygieneverordnung umfasst Anforderungen an den Bau und die Einrichtungen der Schlachtanlagen und die Hygiene beim Schlachten. In der Fleischuntersuchungsverordnung ist vorgeschrieben, welche Teile des Schlachttierkörpers wie untersucht werden müssen. Die inneren Organe werden genau betrachtet, abgetastet und teilweise angeschnitten. Weil diese Organe sehr empfindlich auf Infektionen oder Vergiftungen reagieren und Fremdstoffe filtern, können durch ihre Untersuchung zuverlässige Rückschlüsse auf den Gesundheitszustand des Tieres gezogen werden. Im Zweifelsfall sind chemische oder mikrobiologische Untersuchungen vorzunehmen. Wenn ein Schlachttierkörper nach der Untersuchung als Lebensmittel geeignet befunden wird, bringt der Fleischkontrolleur einen oder mehrere Stempelabdrücke an. Erscheint die Eignung als Lebensmittel fragwürdig – zum Beispiel bei Verdacht auf verbotene Stoffe oder zu hoher Konzentration bestimmter Substanzen – werden die Schlachtkörper beschlagnahmt und Proben für Laboruntersuchungen angeordnet.

KONTROLLEN NACH DER SCHLACHTUNG

Die weiteren Verarbeitungsschritte werden von den Organen der Lebensmittelkontrolle überprüft. Bei Beanstandungen wird dafür gesorgt, dass die Fehler in der Produktionskette behoben werden. Die Anforderungen gelten auch an der Verkaufsfront. Konkrete Angaben über Herkunft, Hauptbestandteil, Eigenart, Zusammensetzung, Aufbewahrungsbedingungen und Haltbarkeitsdatum etc. müssen an die Konsumentinnen und Konsumenten weitergegeben werden. ■

Die gesetzlichen Grundlagen der Lebensmittelkontrolle

Die Bundesverfassung stellt im Artikel 118 die gesetzliche Grundlage für das Lebensmittelrecht dar. Im Bundesgesetz über Lebensmittel und Gebrauchsgegenstände vom 9. Oktober 1992 (LMG) werden die Ziele und Anwendungsbereiche des Gesetzes klar definiert. Die Details des LMG werden in verschiedenen Verordnungen geregelt (z.B. Lebensmittelverordnung).

Das LMG hat zum Ziel, die Konsumentinnen und Konsumenten vor Lebensmitteln und Gebrauchsgegenständen zu schützen, welche die Gesundheit gefährden können. Ebenso soll der hygienische Umgang mit den Lebensmitteln und der Täuschungsschutz gewährleistet werden.

Die verschiedenen Lebensmittelskandale (Fleisch mit Hormon- und Antibiotikarückständen, BSE, gentechnisch veränderte Lebensmittel, Dioxinskandale) haben die Konsumentinnen und Konsumenten generell sensibler für Fragen im Zusammenhang mit ihrer Ernährung gemacht. Die Änderung des Lebensmittelgesetzes (1992) hat die Rechtsetzung in diesem Bereich weitreichend verändert.

Von entscheidender Bedeutung für alle an der Produktion von Lebensmitteln Beteiligten ist der Artikel 23 des LMG, welcher den Begriff der Selbstkontrolle und damit denjenigen der Eigenverantwortung definiert. Die Forderungen, die sich daraus ergeben, stimmen mit den internationalen Abkommen überein, insbesondere mit denen des GATT. Bei den Fleischprodukten betrifft dies die gesamte Produktion, sei es den Produzenten, den Metzger, den Importeur oder den Zwischenhändler.

von Roland Charrière,
Bundesamt für Gesundheit (BAG), Bern

Die amtliche Lebensmittelkontrolle und damit die Überprüfung der Selbstkontrolle im Inland obliegt in unserem föderalistischen System den kantonalen Laboratorien.

VERORDNUNGEN

Die im Zuge der Revision des Lebensmittelgesetzes entstandenen Verordnungen sind zum grössten Teil am 1. Juli 1995 in Kraft getreten. Die für das Fleisch und die Fleischprodukte wichtigen Textstellen sind unterteilt in primäre Produktion bis Schlachtung und Verarbeitung bis Verkauf. Die für die primäre Produktion relevante Verordnung ist die Verordnung über die Fleischhygiene.

Für die Fleischverarbeitung sind vier Verordnungen besonders hervorzuheben:

- Die Lebensmittelverordnung (LMV) definiert, welche Lebensmittel zugelassen sind, und enthält zahlreiche Anforderungen (zum Beispiel in Bezug auf Bestandteile, Auszeichnung, Herkunftsdeklaration und Täuschungsschutz). Die gesonderten Vorschriften, in denen der spezielle Bereich der Fleischprodukte definiert wird, befinden sich in Kapitel 8 in den Artikeln 118 bis 125 (Version vom 30. April 2002). In diesen Artikeln werden die zugelassenen Tierarten aufgeführt sowie die Körperteile, die als nicht für den Verzehr geeignet angesehen werden. Die letzte Überarbeitung der Verordnung in Bezug auf die Produktebezeichnung hat zum grossen Teil die von den Verbrauchern formulierten Wünsche berücksichtigt, auf eine einfache und transparente Bezeichnung für Produkte auf Fleischbasis zu achten. Die neuen Regelungen bezüglich der Mengenangaben der Zutaten («Quantitative Ingredient Declaration [QUID]») werden in Artikel 20a LMV umschrieben, welcher am 1. Mai 2002 mit einer Übergangsfrist von 2 Jahren in Kraft getreten ist.

Mit den Mengenangaben soll der Vergleich zwischen Lebensmitteln auf der Grundlage ihrer Bezeichnung und Zusammensetzung erleichtert werden. Die Minimalanforderungen zur Aufbewahrungstemperatur für Fleisch und Fleischerzeugnisse finden sich in Artikel 125.

- In der Hygieneverordnung (HyV) werden die hygienisch-mikrobiologischen Anforderungen für Lebensmittel festgelegt. Es werden Grenz- und Toleranzwerte für alle Lebensmittel, inkl. jener auf Fleischbasis, aufgeführt. Darüber hinaus werden die entsprechenden Vorschriften für Räumlichkeiten, Anlagen und Personal aufgeführt.

- Die Verordnung über die in Lebensmitteln zulässigen Zusatzstoffe (ZuV) wurde im Jahre 2002 vollständig überarbeitet und weitgehend mit dem europäischen Recht harmonisiert. Die in Fleisch- und Fleischerzeugnissen zugelassenen Zusatzstoffe werden in der Anwendungsliste gemäss Anhang 7 unter Ziffer 8 geregelt.

- Die Verordnung über Fremd- und Inhaltsstoffe in Lebensmitteln (FIV) regelt die Höchstkonzentrationen (Grenz- und Toleranzwerte) von Fremd- und

Die gesetzlichen Grundlagen der Lebensmittelkontrolle

Das Lebensmittel Fleisch

Inhaltsstoffen. Für Fleisch- und Fleischerzeugnisse sind insbesondere Liste 2 «Metalle und Metalloide», Liste 3 «Pharmakologische Wirkstoffe aus nutritiver und therapeutischer Anwendung» und «Zitzendesinfektionsmittel» sowie Liste 4 «Andere Fremd- und Inhaltsstoffe» von Bedeutung. Die Liste 3 der Tierarzneimittel wurde in den letzten zehn Jahren stark weiterentwickelt.

ORGANISATION DER LEBENSMITTELKONTROLLE IN DER SCHWEIZ

In der Schweiz wird die Lebensmittelgesetzgebung durch Organe des Bundes, der Kantone und teilweise auch der Gemeinden vollzogen. Die Lebensmittelkontrollen an der Grenze werden durch das Bundesamt für Veterinärwesen und die Eidgenössische Zollverwaltung in Zusammenarbeit mit dem Bundesamt für Gesundheit wahrgenommen. Im Landesinnern erfolgen die Kontrollen durch die kantonalen Lebensmittelkontrollbehörden unter der Leitung des Kantonschemikers. Insgesamt gibt es 20 kantonale Laboratorien, 6 in der französischsprachigen Schweiz, eines im Tessin und 13 im deutschsprachigen Teil des Landes. In diesen Laboratorien werden jährlich mehr als 100 000 amtliche Proben getestet und es wird eine Vielzahl von Inspektionen in den Lebensmittelbetrieben durchgeführt. Die Organisation der Lebensmittelkontrolle ist nicht in jedem Kanton gleich aufgebaut. Um eine Einheitlichkeit im Vollzug zu erreichen, haben sich die Kantonschemiker in einem Verband organisiert.

LEBENSMITTEL: NOCH NIE SO SICHER WIE HEUTE

Da viele Lebensmittel in die Schweiz importiert werden, kann ein Lebensmittelskandal im Ausland grosse Auswirkungen auf unseren Markt haben. Daraus zu schliessen, dass Lebensmittel immer unsicherer werden und unsere Gesundheit ständig bedroht ist, wäre nicht richtig. Die Wahrnehmung von Risiken entspricht nicht deren tatsächlichen Verteilung. So stellt eine falsche und unausgewogene Ernährung eines der grössten Risiken dar. Oft ist der hygienische Umgang mit Lebensmitteln nicht genügend sichergestellt: Die Lebensmittel werden nicht bei der richtigen Temperatur aufbewahrt, vor der Zubereitung von Essen werden die Hände nicht ausreichend gewaschen, Lebensmittel werden zu lange gelagert und es ist nicht mehr bekannt, dass einige Lebensmittel Hygienerisiken bergen können (z. B. rohes Fleisch von Geflügel oder Rind).

Die gute Zusammenarbeit der Kontrollorgane mit den Herstellern hat dazu beigetragen, dass Lebensmittel noch nie so sicher wie heute waren. Die Schweiz verfügt über ein modernes Lebensmittelrecht, das dem anderer Länder voraus ist. Im Zuge der Annäherung an die Europäische Union und mit Blick auf die Globalisierung der Märkte wird eine grössere Flexibilität angestrebt. ■

RUN
STOP
STATUS
MENU
MENU
ENTER
P4000

Die Gewinnung von Frischfleisch

Das Lebensmittel Fleisch

Der Konsum pro Kopf von jährlich rund 60 Kilogramm Fleisch und Fleischerzeugnissen schwankt innerhalb der Jahreszeiten. So bildet der Schweine-

fleischkonsum im Sommer den absoluten Höhepunkt, während beispielsweise das Kalbfleisch über die Festtage grosse Nachfrage findet. Und im Herbst, wo Braten und Pfeffer dominieren, ist das Rindfleisch gefragt. Fleisch wird je nach Tiergattung zwischen 50 und 100 Prozent von der Schweizer Landwirtschaft produziert. Die Hauptgruppe Schlachtvieh wird zu 92–100 Prozent bereitgestellt. Die fehlende Menge wird mit dem Import von Spezialstücken abgedeckt. Die Schweiz als Touristikland ist darauf angewiesen, jederzeit die Konsumentenwünsche voll zu befriedigen. Deshalb macht ein gezielter Import von Spezialstücken Sinn und hilft allen beteiligten Marktpartnern.

DIE GEWINNUNG VON FRISCHFLEISCH

Nach Lebensmittelverordnung Artikel 118 gilt:

«Fleisch sind alle geniessbaren Tierkörper und Tierkörperteile, die keiner Behandlung unterzogen worden sind.»

Nicht als Behandlung gelten:

a) Kältebehandlung
b) Zerkleinern
(Zerlegen, Schnetzeln, Hacken)
c) Verpackung
d) Anwendung von Verarbeitungshilfsstoffen bei der Gewinnung

Die wichtigsten Qualitätsfaktoren von Frischfleisch sind Geschmack, Frische und Zartheit. Ein zähes Stück Fleisch ist kein Genuss und macht keine Freude beim Essen. Zartheit zu erreichen, ist die oberste Zielsetzung in der Gewinnung und der Verarbeitung. Einfluss darauf nehmen Tierart, Rasse, Schlachtalter, Kühlung und Lagerung. Die verschiedenen Tierarten werden in unterschiedlichem Alter geschlachtet. Ein Mastschwein wird mit 4–5 Monaten geschlachtet, ein Rind oder ein Muni nach 18–24 Monaten, eine Kuh nach frühestens 40 Monaten. Somit ist der Anteil an Bindegewebe im Fleisch unterschiedlich hoch. Aber auch die Reifung in der Zelle verläuft unterschiedlich schnell. Die Aktivität der einzelnen Eiweiss verdauenden Enzyme ist beim Schwein höher als beim Rind. Damit Rindfleisch ebenso zart wird wie Schweinefleisch, ist die Reifezeit der Tierarten unterschiedlich lang. So ist Schweinefleisch nach vier Tagen, Kalbfleisch nach einer Woche und Rind nach zwei bis vier Wochen Lagerzeit essbar. Bei der Reifung bildet sich gleichzeitig der erwünschte individuelle Geschmack.

DIE REIFUNG DES FLEISCHES

Was passiert mit dem Fleisch nach der Schlachtung? Im Gegensatz zu vielen anderen Grundnahrungsmitteln unterliegt Fleisch nach der Gewinnung beziehungsweise nach der Schlachtung weit-

von Kurt Baumann, Reber AG, Langnau

gehenden Veränderungen. Der Muskel des lebenden, ausgeruhten Tieres speichert chemische Energie, die bei Bedarf kurz- bis langfristig zur Verfügung steht. Diese Energie nutzt das Tier für Bewegung und Stoffwechselprozesse. Nach dem Schlachten setzen die Muskeln die noch vorhandenen Energiereserven ein, um – so lange es noch geht – einen quasi lebenden Zustand aufrechtzuerhalten. Das heisst, bestimmte Stoffwechselprozesse laufen weiterhin ab. Weiter werden die Glykogenreserven zu Milchsäure abgebaut. Die gebildete Milchsäure bewirkt im Muskel eine pH-Wert-Senkung von etwa pH 7,0 auf pH 5,8–5,4. Nach Verbrauch der Glykogenreserven setzt im Muskel eine Quervernetzung zwischen den einzelnen Fasern ein. Die Totenstarre tritt ein. Je nach Tierart und Ausgangssituation beim Schlachten dauert dieser Vorgang unterschiedlich lange. Er tritt 2–36 Stunden nach dem Schlachten in der Reihenfolge Geflügel, Schwein, Rind ein und stellt den Gipfel der Fleischzähigkeit dar. Gleichzeitig finden weitere chemische Veränderungen statt. Es entstehen unterschiedliche Geschmacksstoffe wie zum Beispiel Creatinin. Später kommen die aus der Spaltung von Proteinen freigesetzten Aminosäuren sowie freie Fettsäuren beziehungsweise deren Spaltprodukte hinzu.

Da neben den Letztgenannten weitere sich langsam bildende Produkte den Fleischgeschmack beeinträchtigen können, ist die Reifezeit begrenzt. Eine überschrittene Reifezeit ist feststellbar durch Farbveränderung und unangenehm faulen, säuerlichen Geruch.

Jeder Zellverband besitzt Mechanismen, die zur Auflösung von nicht funktionsfähigen Zellen führen, zum Beispiel, wenn deren Energiereserven erschöpft sind, wie dies nach dem Schlachten der Fall ist. Hierzu werden Protein und Fett abbauende Enzyme entweder freigesetzt oder zum Beispiel durch frei werdende Kalziumionen aktiviert. Diese Vorgänge geschehen als muskelinterne Mechanismen bei der Fleischreifung. Im Laufe der Reifung wird dabei auch die schützende Zellmembran durchlässig: Zellwasser tritt aus. Es erscheint als Fleischsaft. Mit der Zellauflösung treten auch Eiweiss abbauende Enzyme aus, die das extrazelluläre Bindegewebe abbauen.

Die strukturgebenden Proteine und der zusammenziehbare (kontraktile) Apparat in den Zellen sowie das Bindegewebe ausserhalb der Zellen haben einen Einfluss auf die Zartheit des Fleisches. Das Bindegewebe hat die Eigenschaft, dass die längs in gewundener Form – der so genannten Helixstruktur – angeordneten Proteinfäden mit zunehmendem Alter der Tiere quer vernetzt werden. Dies verringert die Zartheit. Die anfangs hitzeunbeständigen Quervernetzungen verändern sich mit dem Alter der Tiere in hitzestabilere Vernetzungen, die erst durch langes Kochen in Flüssigkeit aufbrechen (Gelatinierung). Deshalb ist Kalbfleisch zarter als Rindfleisch und dieses wiederum zarter als Kuhfleisch. Bindegewebsreiches Fleisch oder Kuhfleisch muss lange gekocht werden (Gulasch, Siedfleisch). Oder aber es wird in zerkleinerter Form in der Wurstproduktion eingesetzt oder als Hackfleisch verkauft.

EINFLUSS VON TEMPERATUR UND ZEIT

Fleisch wird nach dem Schlachten gekühlt. Zum einen gebieten dies die Hygieneanforderungen. Zum anderen entwickelt sich die Zartheit bei mässigem Kühlen besser. Zu langsames Kühlen inaktiviert die Eiweiss abbauenden Enzyme zu schnell. Zu rasches oder zu langsames Kühlen führt zu Muskelkontraktionen, wodurch Fleisch zäh werden kann. Daher ist die optimale Geschwindigkeit der Kühlung kurz nach der Schlachtung für die Zartheit und die Hygiene des Fleisches sehr wichtig. Aber auch die Kühltemperatur ist wichtig. Der Gesetzgeber fordert Temperaturen von max. 2 °C bei Lagerung und Reifung. Die Aktivität der Eiweiss abbauenden Enzyme ist wie alle chemischen Prozesse temperaturabhängig. Daher sollte die Reifung bei der geforderten Mindesttemperatur stattfinden. Je tiefer die Temperatur, desto langsamer verläuft die Reifung. Gefrieren hemmt den Reifungsprozess. Je magerer das Gefriergut, desto länger die Lagerfähigkeit von tiefgekühltem Fleisch. Bei unsachgemässem Auftauen kann das Fleisch zu viel Saft verlieren und wird deshalb bei der Zubereitung trocken. Grundsätzlich soll Fleisch langsam bei Kühlschranktemperatur von +/–5 °C aufgetaut werden.

Selbst wenn alles, vom Schlachten bis zum Verkauf an den Kunden, optimal gelaufen ist, kann beim Zubereiten die Zartheit noch negativ beeinflusst werden. Bei der Zubereitung werden die Eiweiss verdauenden Enzyme mit ansteigender Temperatur bis 50/55 °C immer aktiver. Eine Faustregel besagt, dass bei einer Temperaturerhöhung von 10 °C eine Verdoppelung der Aktivität stattfindet. Proteine beginnen ab 40 °C, langsam ihre Struktur zu verändern, sie denaturieren. Kurzbratstücke sind bei 45–50 °C noch stark blutig («bleu»). Bei 50–55 °C («saignant») denaturieren sehr viele lösliche Proteine und solche aus den Filamenten der quer gestreiften Muskulatur. Bei 55–60 °C («à point») wird das Bindegewebe junger Tiere zum Teil gelöst, bei 60–65 °C denaturiert das nicht gelöste Bindegewebe. Ab 75 °C sprechen wir von «bien cuit». Erst über 85 °C löst sich Bindegewebe bei älteren Tieren zum Teil langsam auf (Gelatinierung). Daher gilt bei Rind: je blutiger die Steaks, desto zarter. Beim Schwein ist der Einfluss des Bindegewebes geringer und eine Erhitzung der Kerntemperatur auf 75 °C nicht von Nachteil. Sie ist aus hygienischen Gründen sogar ratsam. ■

Die Herstellung von Fleischerzeugnissen

Das Lebensmittel Fleisch

DIE HERSTELLUNG VON FLEISCHERZEUGNISSEN

Nach Lebensmittelverordnung Artikel 119 gilt:
«Fleischerzeugnisse sind Lebensmittel, die unter Verwendung von mindestens

20 Massenprozenten Fleisch hergestellt sind, einer anderen Behandlung als den unter Artikel 118 Absatz 2 genannten unterzogen wurden und in ihrer Eigenart vom Fleischanteil bestimmt sind.»
Bei den Fleischerzeugnissen werden in Bezug auf Herstellung, Verarbeitungstechnologie und Konsum Wurstwaren und Pökelwaren unterschieden.

ROHWURSTWAREN

Rohwurstwaren sind streichfähig oder nach einer mit unterschiedlicher Austrocknung verbundenen Reifung schnittfest. Sie sind mit oder ohne Räucherung, mit oder ohne erwünschten Schimmelbelag erhältlich. Rohwurstwaren sind ohne Kühlung haltbar und werden in der Regel roh konsumiert. Ausnahme bildet die Gruppe Rohwurst mit abgebrochener Reifung.

Die Beschaffenheit und der mikrobiologische Status des Fleisches sind für die Herstellung einwandfreier Rohwurst von ausschlaggebender Bedeutung. Nur Fleisch von gesunden, gut genährten, aber nicht zu fetten, älteren Tieren soll verwendet werden. Die Tiere dürfen vor der Schlachtung nicht übermüdet, erregt, erhitzt oder brünstig sein. Auf saubere und hygienische Schlachtung und Gewinnung muss geachtet werden. Die Tierkörper sind frühestens 48 Stunden nach der Schlachtung weiterzuverarbeiten. Das Fleisch muss eine ausreichende Auskühlung und Säuerung aufweisen. Es sind folgende pH-Werte einzuhalten: Rind und Schweinefleisch 5,4–5,8. Der Speck wird frisch, eventuell gefroren, aber gut ausgekühlt, frei von Schwartenzug, Lymphknoten und blutunterlaufenen Stellen verarbeitet.

Das Fleisch wird angefroren im Blitz oder in der Spezialmaschine bei ca. –6 °C auf die gewünschte Körnung zerkleinert. Je nach Rezept wird der Speck ganz oder vorzerkleinert angefroren beigegeben. Kurz vor Ende der Zerkleinerung werden Salz und Gewürz beigefügt. Die fertige Masse darf sich nicht erwärmen, da sonst die Gefahr von Fettabsatz entsteht. Nun wird das Brät in Natur- oder Kunstdärme abgefüllt. Anschliessend folgen die Prozesse Abhängen – Schwitzen – Röten – eventuell Räuchern – Trocknen. Eine Rohwurst verliert zwischen 30 und 50 Prozent an

von Kurt Baumann, Reber AG, Langnau

Gewicht und zeichnet sich durch eine gute Haltbarkeit aus. Sie ist frei von Sehnen und Flexen, das Schnittbild zeigt eine gleichmässige Körnung von Fleisch mit klar abgrenzenden Speckkörnern. Die Konsistenz ist angenehm, der Geruch rein und der Geschmack der Sorte entsprechend ausgeglichen. Die bekanntesten Sorten sind: Salami jeglicher Art, Salsiz, Landjäger, Bauernschüblig, Mettwurst usw. Die Schweiz kennt vier verschiedene Sprachregionen; entsprechend hat jede Region die eigenen Spezialitäten. So zum Beispiel Zampone und Cotechini im Tessin, Boutefas und Longeole in der Romandie, Salsiz und Pantli in der rätoromanischen Schweiz, Landjäger und Bauernschüblig in der Deutschschweiz.

BRÜHWURSTWAREN

In der Regel sind dies hitzebehandelte Fleischerzeugnisse, bei denen im zerkleinerten, rohen Muskelfleisch unter Beigabe von Koch- oder Nitritpökelsalz und dem Zusatz von Trinkwasser (auch in Form von Eis) die wasser- und salzlöslichen Eiweisse aufgeschlossen werden. Die aufgeschlossenen Eiweisskörper koagulieren bei der Hitzebehandlung mehr oder weniger zu einem Komplex und sichern so die Schnittfestigkeit der Brühwurst. Es gibt Brühwürste mit oder ohne Räucherung. Sie werden gekocht und warm oder kalt konsumiert.

Für die Brühwurstherstellung werden in der Regel Fleisch von älteren, nicht fetten Tieren sowie für Bankfleisch ungeeignete Muskelteile junger Tiere verwendet. Das Verarbeitungsmaterial und der Speck werden nach ihrem Fett- und Magerfleischanteil in Sortierungsklassen eingeteilt. Dann verwendet man für ein bestimmtes Rezept konsequent Fleisch der gewählten Sortierungsklassen. Weiter werden Schwarten vom Schwein, Trinkwasser, Eis, Kalbskopf, Salz, Gewürze und Zusatzstoffe verarbeitet.

Das Magerfleisch wird unter Zugabe von Salz, Eis und Wasser zerkleinert. Bei 6–8 °C wird der Speck beigegeben. Die ganze Masse wird bis auf den gewünschten Feinheitsgrad zerkleinert, wobei eine optimale Emulsion der verschiedenen Bestandteile angestrebt wird. Die Endtemperatur beträgt ca. 14–16 °C. Die fertige Masse, Brät genannt, wird anschliessend sofort in Natur- oder Kunstdärme gefüllt, geräuchert, gekocht und schnell gekühlt. So genannt weisse Ware wie Kalbsbratwürste, Fleischkäse und Aufschnitt werden nicht geräuchert. Auch gibt es Spezialitäten wie die Appenzeller Siedwurst, die roh verkauft werden. Auch hier kennt die Schweiz verschiedene Regionalspezialitäten. Beispielsweise die Mortadella im Tessin, den Engadiner im Engadin, die Berner Zungenwurst und nicht zu vergessen die national bekannte St.Galler Kalbsbratwurst.

KOCHWURSTWAREN

Kochwürste sind hitzebehandelte und vorwiegend aus gekochtem Ausgangsmaterial hergestellte Wurstwaren. Im kalten Zustand sind die Produkte schnittfest. Die Schnittfestigkeit wird durch erstarrtes Fett oder durch koaguliertes Lebereiweiss bei Streichwürsten, durch mit Blut versetzte und erstarrte Gallertmasse oder koaguliertes Bluteiweiss bei Blutwürsten und durch erstarrte Gallertmasse aus kollagenhaltigen Fleischteilen oder Gelatine bei Sulzwürsten erreicht. Im Weiteren wird die Bindung von Fett und Eiweissbestandteilen durch aufgeschlossenes Milcheiweiss unterstützt. Kochwursterzeugnisse werden gekocht und warm oder kalt konsumiert.

Es darf nur absolut frisches, zum Teil schlachtwarmes Fleisch verarbeitet werden. Es sind dies Muskelfleisch, weicher Speck, Leber und weitere Innereien. Das Rohmaterial wird gekocht, die Leber in der Regel roh verarbeitet. Das Ganze wird unter Beigabe von Emulgatoren – rohe Leber und/oder Milcheiweiss – zu einer bindigen Masse verarbeitet. Diese wird in Natur- oder Kunstdärme gefüllt oder in Formen für Terrinen. Die abgefüllten Einheiten werden nochmals erhitzt und anschliessend gekühlt. Beliebte Kochwürste sind Blut- und Leberwurst im Winter, Terrinen bei Apéros, Streichwürste zu jedem Anlass.

PÖKELWAREN

Unter Pökeln versteht man den Prozess der Salzung und die Erhaltung der kochfesten, roten Fleischfarbe mit Hilfe von Pökelsalz. Durch die verschiedenen Herstellungstechnologien entsteht eine breite Produktepalette mit den unterschiedlichsten Geruchs- und Geschmacksrichtungen mit dem unverwechselbaren Pökelaroma.

KOCHPÖKELERZEUGNISSE

Hinter- und Vorderschinken können als solche deklariert werden, wenn sie aus ganzen Muskelteilen vom Schwein hergestellt werden. Schinkenprodukte werden gesalzen, gepökelt, geräuchert und je nach Sorte roh oder gekocht angeboten. Mit Vorliebe werden diese Produkte fein geschnitten konsumiert. Schinkenprodukte werden gekocht und warm oder kalt konsumiert. Zur Verarbeitung gelangen sämtliche Teilstücke von Schwein, Rind, Schaf und Wild, welche einen pH-Wert von unter sechs aufweisen. Das Fleisch muss mindestens 48 Stunden ausgekühlt sein. Die zugeschnittenen Teilstücke werden gepökelt, d.h. mit Pökelsalz und Gewürzen behandelt. Je nach Technologie wird das Material gepoltert, in Formen gefüllt, gekocht und geräuchert. Durch die Verbindung des Nitrits im Pökelsalz mit dem Muskelfarbstoff Myoglobin entsteht die kochfeste rote Pökelfarbe.

Die Herstellung von Fleischerzeugnissen

Das Lebensmittel Fleisch

ROHPÖKELERZEUGNISSE

Teilstücke von Rind, Schwein, Schaf, Ziegen und Wild werden unter Zugabe von Salz gepökelt, getrocknet und eventuell geräuchert. Je nach Grösse der Stücke dauert der Trocknungsprozess bis zu drei Monate. Der Geschmack entwickelt sich je nach Region sehr unterschiedlich. Dadurch erhält jedes Produkt seinen einzigartigen Geschmack. Dank der überdurchschnittlichen Qualität hat manches dieser Produkte internationale Bekanntheit erlangt.

Es darf nur Fleisch von bester Qualität verarbeitet werden. Der pH-Wert darf nicht höher als 5,8 sein. Die exakt zugeschnittenen Muskelpakete werden eingesalzen und je nach Grösse bis zu sechs Wochen gepökelt. Anschliessend erfolgt der Trocknungsprozess – unterbrochen durch Formgebung in speziellen Pressformen. Je nach Region bekommt das Produkt sein typisches und unverwechselbares Aroma. So schmeckt ein Tessiner Trockenfleisch nicht wie ein Bündner Trockenfleisch und dieses wiederum nicht wie das Walliser Trockenfleisch. Die wohl bekanntesten Rohpökelwaren sind Bündnerfleisch und Rohschinken, aber auch Kochspeck und Rollschinkli gehören zu dieser Gruppe.

Pökelwaren wie Rollschinkli und Kochspeck werden gekocht konsumiert. Die Rohpökelwaren wie Trockenfleisch und Rohschinken roh.

NUR DAS BESTE IST GUT GENUG!

Die Qualitätskriterien der Fleischprodukte sind sehr regional bezogen, hat doch jeder Metzger «sein» Rezept, welches seit Generationen überliefert ist. Gewiss hat sich die Verarbeitungstechnologie stark geändert. Die Grundsätze zur Herstellung von feinsten Fleischerzeugnissen sind aber immer noch dieselben: bestes, frisches Rohmaterial, welches so wenig als möglich und so viel wie nötig Zutaten und Zusatzstoffe enthält. Dies mit der richtigen Technologie und der Liebe zum Detail. Die Meinung, dass mit minderwertiger Ware ein gutes Produkt hergestellt werden kann, ist falsch. Deshalb ist dem ganzen Verarbeitungsprozess höchste Aufmerksamkeit zu schenken. Denn nur mit qualitativ hoch stehenden Produkten können die Kunden gewonnen werden. Es schmeckt doch nichts besser als eine gute schmackhafte Wurst aus der Pfanne oder vom Grill.

Der Verband Schweizer Metzgermeister führt regelmässig einen Produktewettbewerb durch, die so genannte MEFA-Beurteilung. Da werden unangemeldet Produkte aus dem Verkaufssortiment abgerufen und von einer neutralen Jury auf die Kriterien Aussehen, Schnitt, Verarbeitung, Geruch und Geschmack geprüft. Erfolgreiche Produkte werden nach mindestens dreimaliger Prüfung mit einer Gold-, Silber- oder Bronzemedaille ausgezeichnet.

Auch auf internationaler Ebene gibt es Wettbewerbe, an denen schon oft Schweizer Hersteller erfolgreich waren, wie zum Beispiel den Deutschen DLG-Preis. Hier erfolgt die Wertung von Profis für Profis auf höchstem Niveau. Dass dabei Schweizer Produkte jederzeit vorne mithalten können, ist höchst erfreulich und zeugt von der hohen Schweizer Qualität.

Die Entwicklung des Fleischkonsums

Das Lebensmittel Fleisch

Der Fleischkonsum hat in der Schweiz wie in den übrigen industrialisierten Ländern nach Ende des Zweiten Weltkrieges kontinuierlich zugenommen. Diese Entwicklung erfolgte im Einklang mit dem Wirtschaftswachstum und der gestiegenen Kaufkraft der Konsumentinnen und Konsumenten.

Der Konsumanstieg begann Ende der Achtzigerjahre abzuflachen. Der höchste je in der Schweiz registrierte Jahresverbrauch von 620 000 Tonnen Fleisch (Schlachtgewicht) wurde 1987 erreicht. Dies bedeutete, dass der Pro-Kopf-Verbrauch, verglichen mit den frühen Fünfzigerjahren, fast doppelt so hoch war. In den 10 Jahren nach 1987 war der Pro-Kopf-Konsum von Fleisch aller Arten rückläufig, wobei dieser Rückgang in erster Linie Schweine- und Rindfleisch betraf, also Fleischkategorien mit einem hohen Inlandproduktionsanteil. Geflügelfleisch, Fisch und andere Fleischarten wie Wild und Lammfleisch konnten dagegen ihre Position mehr oder weniger halten. Zwischen 1987 und 1997 ging der gesamte Jahresverbrauch von Schweine- und Rindfleisch um 20 Prozent zurück.

WERTEWANDEL FÜHRT ZU NEUEM KONSUMVERHALTEN

Diese Entwicklung ist auf verschiedene Ursachen zurückzuführen. Sicher spielen demografische Veränderungen eine gewisse Rolle. Ausschlaggebend war jedoch ein Wertewandel. Zwischen 1980 und 1990 waren es gesundheitliche Argumente, welche verschiedene Bevölkerungskreise dazu bewogen, den Fleischkonsum einzuschränken. Danach dominierten tierschützerische Fragen die Diskussionen um den Fleischkonsum und führten – zumindest teilweise – zu einer grundsätzlich kritischen Einstellung. Einen stark negativen Einfluss hatte zudem das weltweit diskutierte Thema BSE, wovon vor allem der Rindfleischkonsum betroffen war.

Vertrauensfördernde Massnahmen wie spezielle Produktionsprogramme für tierfreundliche Haltung, behördliche Anordnung zur Ausrottung von BSE sowie eine neue Kommunikationsstrategie haben dazu geführt, dass der Rückgang des Fleischkonsums gestoppt werden konnte. Bei Rindfleisch wird sogar wieder ein eindeutiger Trend zu mehr Konsum festgestellt. Die Auffassung, dass Fleisch und Fleischerzeugnisse einen wesentlichen Bestandteil einer gesunden Ernährung ausmachen, ist heute wieder allgemein anerkannt.

HOHER FLEISCHKONSUM IN DEN NACHBARLÄNDERN

In unseren Nachbarländern ist der Pro-Kopf-Konsum von Fleisch zum Teil bedeutend höher. Bei den einzelnen Fleischarten werden beträchtliche Unterschiede festgestellt. In den nördlichen Ländern wird in der Regel mehr Schwei-

von Jürg Schletti und Michael Schneider,
Proviande, Bern

nefleisch konsumiert. In Italien und Frankreich ist der Rindfleischkonsum und in den meisten Nachbarländern der Geflügelkonsum grösser. In Frankreich und Italien wird etwa gleich viel Kalbfleisch konsumiert wie in der Schweiz, während in den übrigen europäischen Ländern der Pro-Kopf-Konsum von Kalbfleisch lediglich ein Kilogramm beträgt. Die Unterschiede der Präferenzen für einzelne Fleischarten sind auf kulinarische Gepflogenheiten zurückzuführen. Ein gewisser Einfluss ist auch dem unterschiedlichen Grenzschutz der verschiedenen Fleischarten zuzuschreiben.

VOM SCHLACHTGEWICHT ZUM KONSUM VON VERKAUFSFERTIGEM FLEISCH

Da eine Analyse und genaue Erfassungen der tatsächlich verzehrten Fleischmenge für grosse Personengruppen nicht durchführbar sind, wird die Menge des konsumierten Fleisches als Menge «verkaufsfertiges Fleisch» angegeben. Auch wenn z.B. Verluste durch Lagerung und Zubereitung nicht berücksichtigt sind, liegt das Verkaufsgewicht (VG) nah genug an der effektiv jährlich verzehrten Fleischmenge und kann somit für die Berechnung von Ernährungsbilanzen verwendet werden. Um den Fleischkonsum in der gewünschten Einheit berechnen zu können, werden alle notwendigen Rohdaten (Inlandproduktion, Aussenhandel und Vorratsveränderungen) in Verkaufsäquivalente umgerechnet. Dies geschieht mittels Umrechnungsfaktoren, welche aufgrund von Erfahrungswerten festgelegt wurden. Nach dieser Vereinheitlichung kann der Fleischkonsum anhand der folgenden Formel kalkuliert werden:

	Inlandproduktion (VG)
+	Saldo Aussenhandel (VG)
+/–	Vorratsveränderungen (VG)

= Konsum von verkaufsfertigem Fleisch

Mit dieser Formel wird Bilanz gezogen zwischen den Fleischzuflüssen (Inlandproduktion, Importe, Auslagerungen) und den Fleischabflüssen (Exporte, Einlagerungen). Der daraus resultierende Saldo ist der effektive Fleischkonsum. Nicht berücksichtigt werden Einkäufe im benachbarten Ausland. ■

VERGLEICH SCHWEIZ–EU: ENTWICKLUNG DES FLEISCHKONSUMS 1980–2002

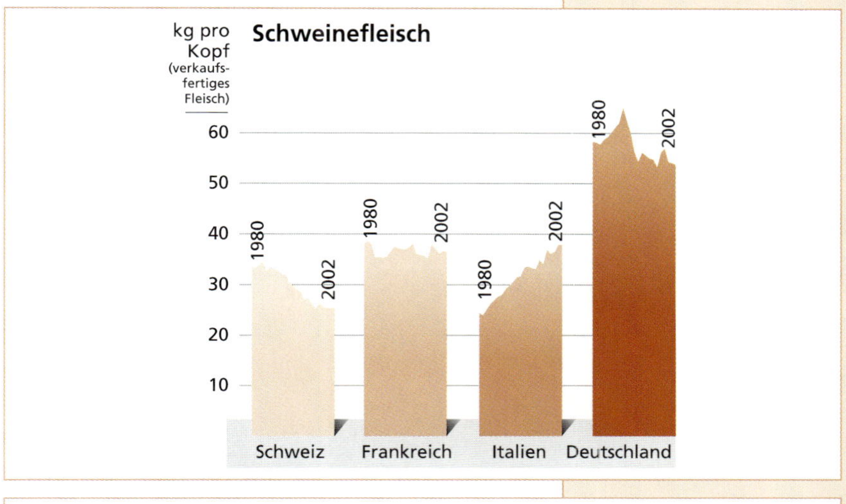

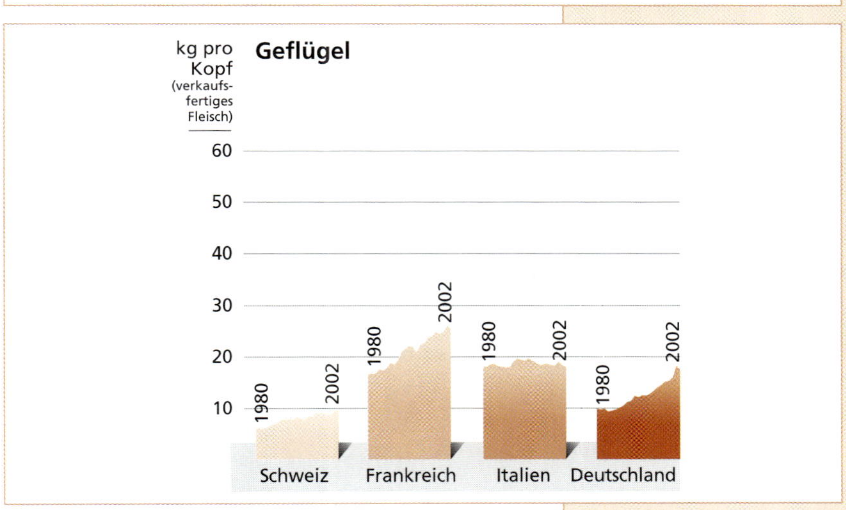

Quelle: Proviande

Die Konsumgewohnheiten und das Image von Fleisch

Das Lebensmittel Fleisch

Die veränderten Konsumgewohnheiten stehen am Ursprung der Umwälzungen im schweizerischen Fleischmarkt. Die Wachstumsjahre der Nachkriegszeit führten zu einer massiven Ausweitung des Fleischmarktes – unterstützt durch eine steigende Kaufkraft. Nach dem Wendepunkt 1987 erhielten andere Nahrungsmittel auf dem Speisezettel im Vergleich zum Fleisch stärkere Beachtung. Und seit etwa 2000 gibt es deutliche Anzeichen für ein qualitatives Wachstum.

UMFRAGEERGEBNISSE

Zwei von drei Konsumentinnen und Konsumenten haben ihren Konsum in den letzten fünf Jahren nicht verändert. Dafür hat jeder und jede Dritte den Fleischkonsum generell reduziert. Frauen und ältere Befragte (60–74 Jahre) haben häufiger als Männer ihren Fleischkonsum reduziert. Personen, die sich intensiv mit dem Thema Ernährung auseinander setzen, konsumieren deutlich weniger Fleisch, haben ihre Essgewohnheiten seit der BSE- bzw. MKS-Diskussion häufiger geändert und halten Fleisch bei der Ernährung eher für unwichtig. Sie beachten häufiger die Pro-

duktedeklaration und beurteilen die Tierhaltung eher negativ. Sie sind eher unter den älteren Befragten (45–74 Jahre) zu finden und sind häufiger Frauen. In der Westschweiz ist ihr Anteil etwas geringer als in der Deutschschweiz, dagegen finden sich keine Unterschiede hinsichtlich Stadt- und Landbevölkerung. Ob Kinder im Haushalt leben oder nicht, hat hingegen keinen Einfluss auf die Art der Auseinandersetzung mit der Ernährung. Die Haushaltsgrösse spielt bei den veränderten Essgewohnheiten wieder eine zentrale Rolle: Ein-Personen-Haushalte verzichten heute deutlich häufiger auf Fleisch als Mehr-Personen-Haushalte.

Die Mehrzahl der Befragten nimmt zwei bis vier Fleischmahlzeiten pro Woche ein. Die Zahl der Vielfleischesser, die fünf und mehr Fleischmahlzeiten pro Woche einnehmen, nimmt langsam ab. Der Anteil der Personen, die nie Fleisch essen, macht wie in früheren Studien etwa drei Prozent aus. Häufiger sind dies Personen, welche die Tierhaltung generell negativ beurteilen, sowie Personen, die sich intensiv mit dem Thema Ernährung auseinander setzen. Hinsichtlich Alter und Geschlecht lassen sich dagegen keine signifikanten Unterschiede feststellen. Damit setzt sich der Trend der letzten Jahre fort. Fleisch wird zwar weniger häufig, aber immer noch regelmässig gegessen.

GROSSE BEDEUTUNG DES FLEISCHKONSUMS AUSSER HAUS

Beim Auswärtsessen sind Fleischgerichte nach wie vor beliebt. Ein Fünftel sämtlicher Konsumationen (inkl. Gipfeli/Kaffee, Süssspeisen, Beilagen usw.) in der Gastronomie stehen in Verbindung mit Fleisch, das mehr als zur Hälfte in Hauptgerichten verzehrt wird. Deshalb ist das Angebot von Menüs mit Fleisch in Gastronomiebetrieben verhältnismässig gross und beträgt im Durchschnitt mehr als 50 Prozent des gesamten Angebotes. Unterschiede stehen in direktem Zusammenhang mit der Art des Gastronomiebetriebes: In Cafés ist der Anteil von Menüs mit Fleisch tiefer als in Restaurants. Am häufigsten wird Schweinefleisch verwendet. In der Westschweiz, in Hotels und Restaurants steht Rindfleisch an erster Stelle, gefolgt von Pouletfleisch. Kalbfleisch wird unterschiedlich häufig eingesetzt. Während es in

Hotels am zweithäufigsten serviert wird, steht es in Grossbetrieben erst auf Rang fünf.

DIE FLEISCHQUALITÄT

Der Begriff Qualität im Zusammenhang mit Fleisch hat für die Schweizer Bevölkerung verschiedene Bedeutungen. Für mehr als die Hälfte bedeutet Qualität «gutes Fleisch» und/oder «frisches Fleisch». 26 Prozent verbinden mit Qualität Freiland- bzw. artgerechte Haltung von Tieren. Dieser Qualitätsfaktor hat deutlich an Bedeutung gewonnen. Für knapp zehn Prozent ist Qualität gleichbedeutend mit einheimischem Fleisch. Auch dieser Faktor hat deutlich an Bedeutung gewonnen. 1996 war nur für zwei Prozent Qualität gleichbedeutend mit Fleisch schweizerischer Herkunft.

Die Qualität von Schweizer Fleisch wird auch von den Gastronomen insgesamt sehr gut eingeschätzt. Auf einer Skala von 1–7 (1 = gar nicht gut, 7 = sehr gut) erhält Schweizer Fleisch die Durchschnittsbewertung 5,96. Besonders gut wird Schweizer Fleisch von denjenigen Gastronomen beurteilt, welche Fleisch aus Spezialprogrammen kaufen (6,23) und welchen die Schweizer Herkunft des Fleisches wichtig ist (6,08). Knapp 30 Prozent der Gastronomen konstatieren eine qualitative Verbesserung von Frischfleisch gegenüber früher und führen dies hauptsächlich auf verschärfte Kontrollen und den Druck der Konsumenten zurück.

UNTERSCHIEDLICHE PRÄFERENZEN IN DER DEUTSCH- UND WESTSCHWEIZ

Hauptkriterium beim Einkauf ist die Frische, wobei diese für die Westschweizer ein noch wichtigeres Kriterium darstellt als für die Deutschschweizer. An zweiter und dritter Stelle stehen Preis und Herkunft. Auch hier finden sich deutliche Unterschiede: Die Westschweizer

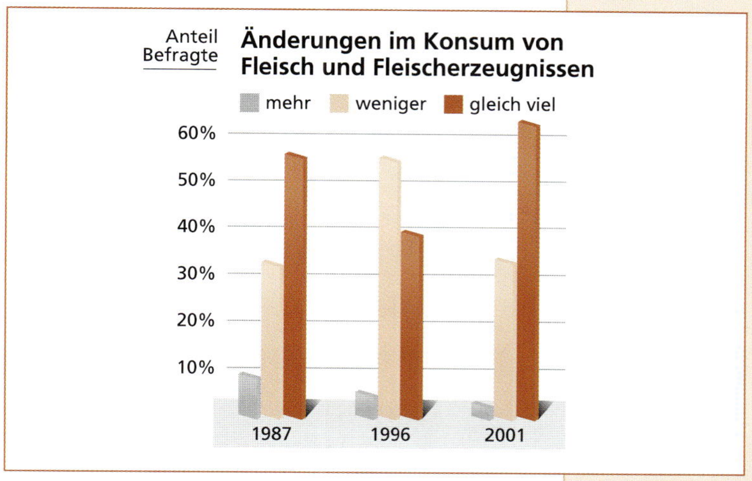

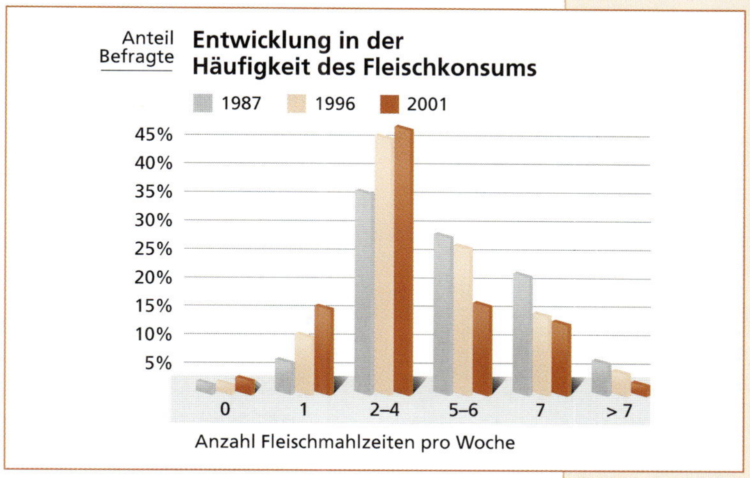

Rangfolge der am häufigsten verwendeten Fleischsorten

	Total	D-CH	W-CH	Gross-betrieb	Restau-rant	Hotel
Schwein	1	1	4	1	2	4
Poulet	2	2	2	2	3	3
Rind	3	3	1	3	1	1
Kalb	4	4	3	5	4	2
Lamm	5	5	5	4	5	5

Quelle: Das Image von Fleisch, Proviande, 2001

Die Konsumgewohnheiten und das Image von Fleisch

Das Lebensmittel Fleisch

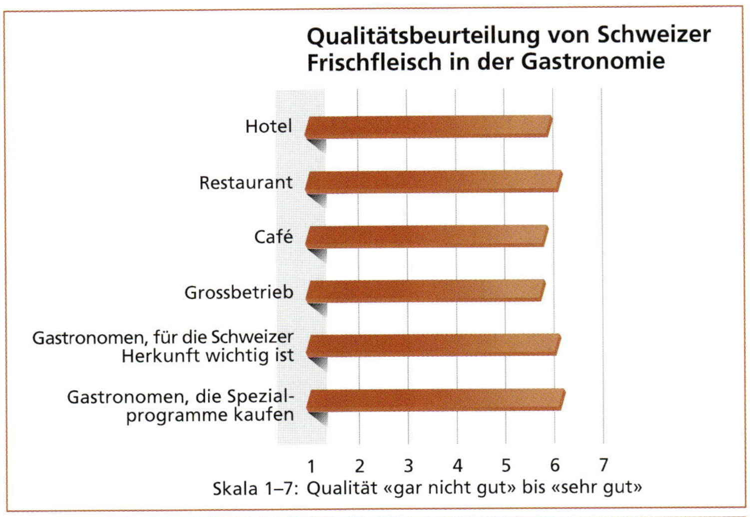

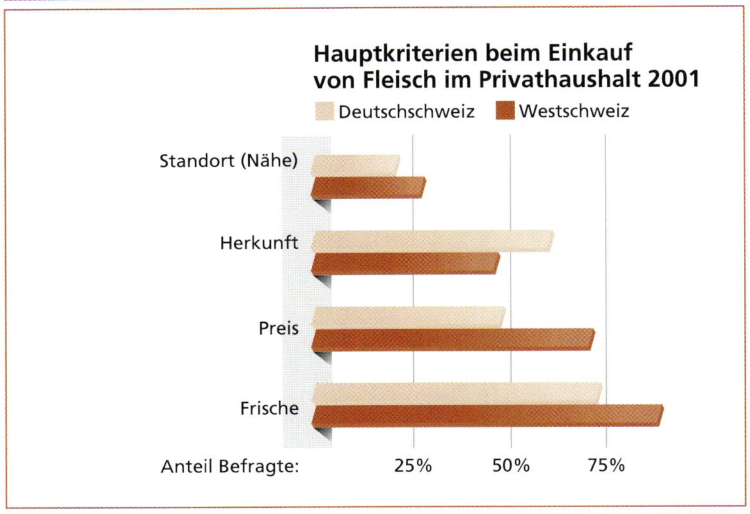

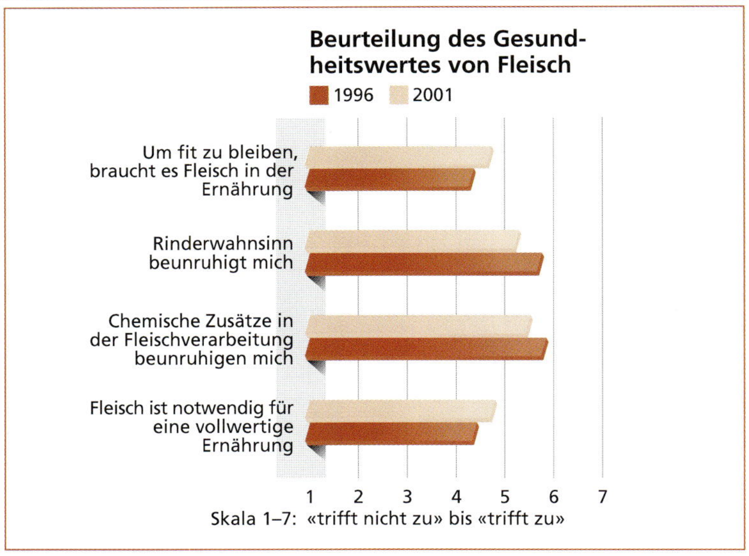

Quelle: Proviande

achten mehr auf den Preis, die Herkunft spielt für sie keine so bedeutende Rolle wie für die Deutschschweizer. Der Preis ist vor allem für Personen mit Kindern im Haushalt eine entscheidende Komponente. Die Herkunft hingegen ist für die höheren Einkommensklassen und für Personen mit ausgeprägtem Interesse am Thema Ernährung wichtig.

Bei der Herkunft des Fleisches ist für die Mehrzahl der Befragten entscheidend, ob das Fleisch aus dem In- oder Ausland stammt. Wichtig ist dies vor allem für ältere Befragte, Frauen, niedrige Einkommensklassen und Landbewohner. Weniger wichtig ist dagegen, aus welcher Region das Fleisch stammt. Der Begriff Schweizer Fleisch steht für Markenzeichen, Qualität, Frische und artgerechte Haltung.

FLEISCH ALS GENUSSOBJEKT

Fleisch bedeutet für die Mehrheit der Schweizer Bevölkerung Genuss. Insbesondere stimmen dieser Aussage Männer und Personen zu, die täglich Fleisch konsumieren. Im Grossen und Ganzen stimmen ihr aber auch Personen zu, die ihr Essverhalten aufgrund von BSE/MKS-Diskussionen geändert haben und eher zu den kritischen Fleischkonsumenten zu rechnen sind.

Eine grosse Mehrheit der Befragten schreibt Fleisch auch einen gesundheitlichen Nutzen zu: So erhalten die Aussagen «Fleisch ist notwendig für eine vollwertige Ernährung» und «Um fit zu bleiben, braucht man auch Fleisch in der Ernährung» die Zustimmung von jeweils knapp der Hälfte der Befragten, wobei der Zustimmungsgrad gegenüber 1996 zugenommen hat. Als Grund hierfür werden vor allem die wichtigen Inhaltsstoffe (Eiweiss, Vitamine etc.) angegeben. ■

Die beliebtesten Fleischstücke

Stück um Stück

von Peter Schneider, Proviande, Bern

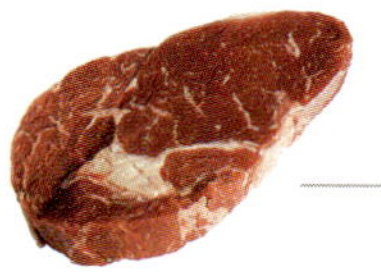

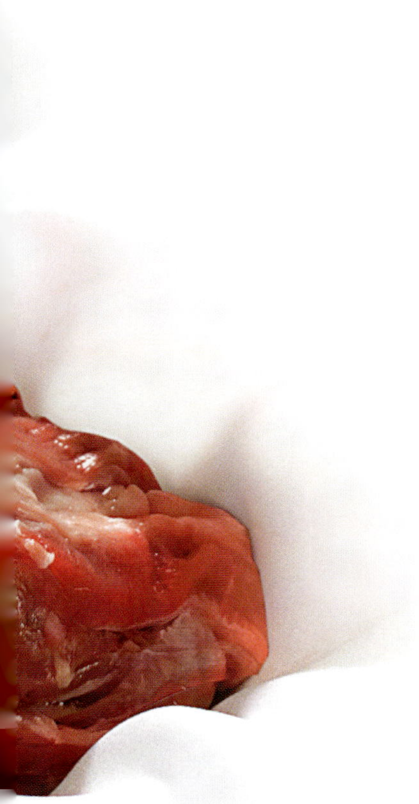

Stück um Stück vom Rind

Die beliebtesten Fleischstücke

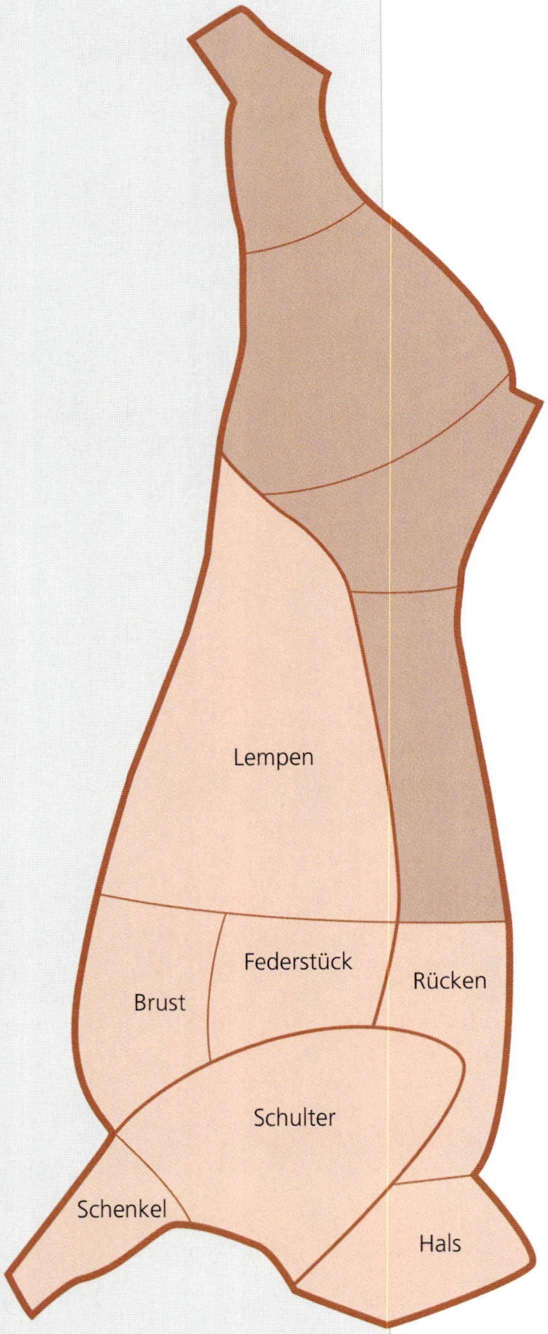

RINDFLEISCH
ist das Fleisch von ein bis zwei Jahre alten weiblichen oder männlichen Tieren. Gutes Rindfleisch ist marmoriert, das heisst, dass im Muskelfleisch feine Fettadern eingelagert sind. Rindfleisch hat eine kräftige rote bis braunrote Farbe und einen hellen bis weissen Fettrand.

STÜCKE VOM VORDERVIERTEL
werden vom Tier viel beansprucht und enthalten deshalb viel Bindegewebe. Langes Sieden oder Schmoren wandelt das Bindegewebe mit Hilfe von Hitze und Wasser in kaubare, saftige Gelatine um und macht die Fleischstücke zart.

Brust + Federstück

Brust (ganz)

Brustkern

Federstück

Abgedecktes Federstück

Federstück (in Portionen)

von Peter Schneider, Proviande, Bern

Hals + Rücken

Hals (ganz)

Gulasch oder Voressen

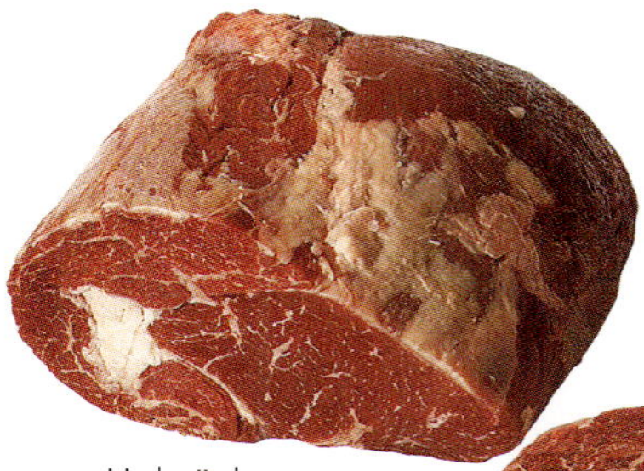

Hohrücken

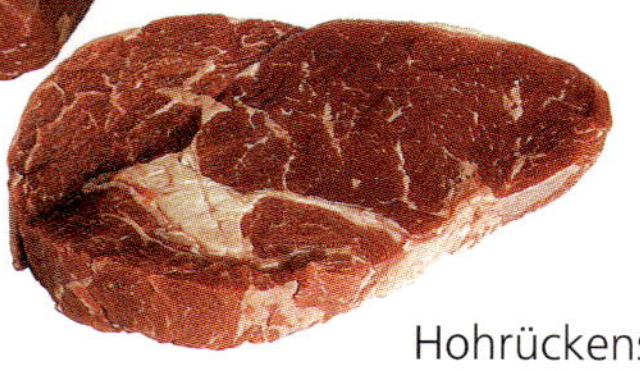

Hohrückensteak

Schulter

Schulterdeckel

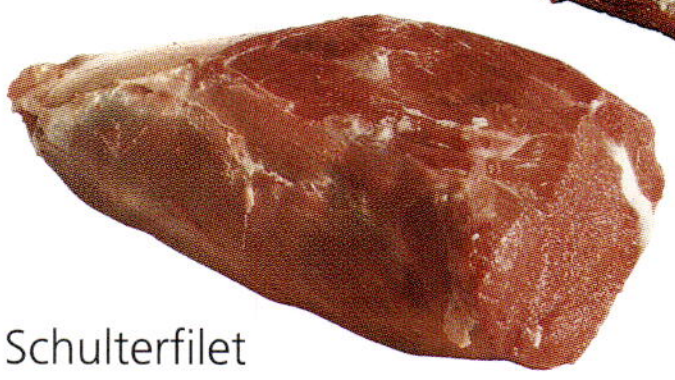

Schulterfilet

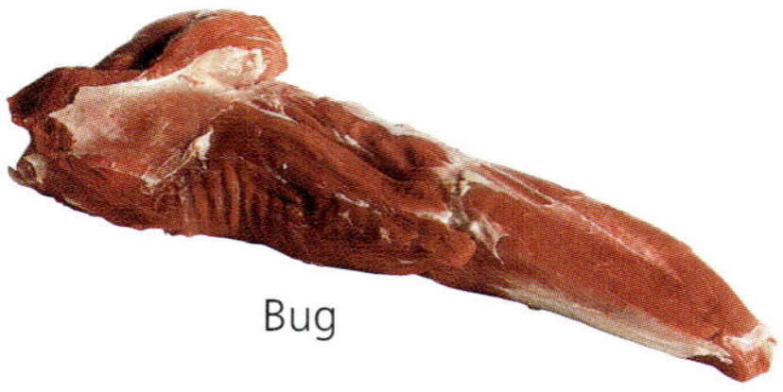

Bug

Dicke Schulter

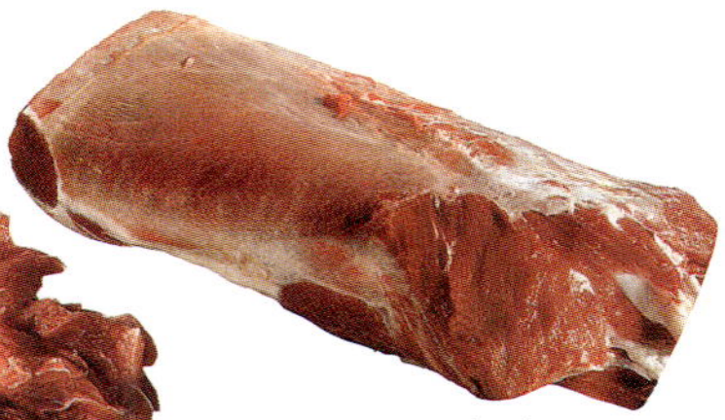

Schulterspitz

Gulasch oder Voressen

Stück um Stück vom Rind

Die beliebtesten Fleischstücke

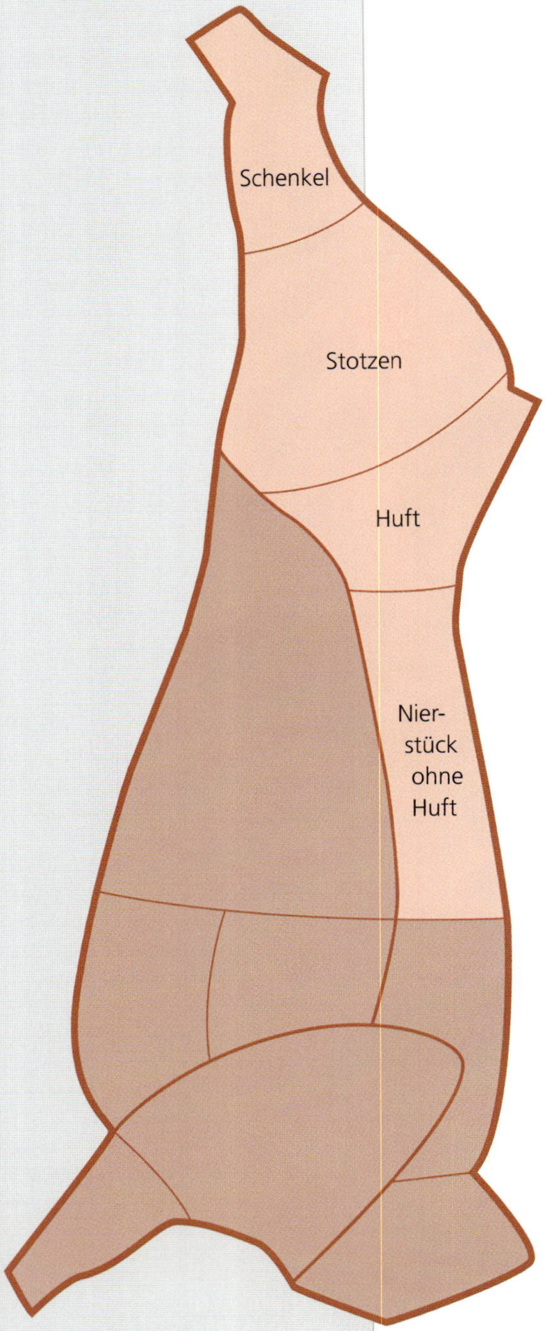

STÜCKE VOM HINTERVIERTEL gelten als Edelstücke. Weil diese Muskelpartien vom Tier wenig beansprucht wurden, enthalten diese Fleischstücke wenig Bindegewebe. Als Kurzbratstücke zubereitet, steht die Geschmacksbildung und der Erhalt des Fleischsaftes im Vordergrund.

Nierstück
(ohne Huft)

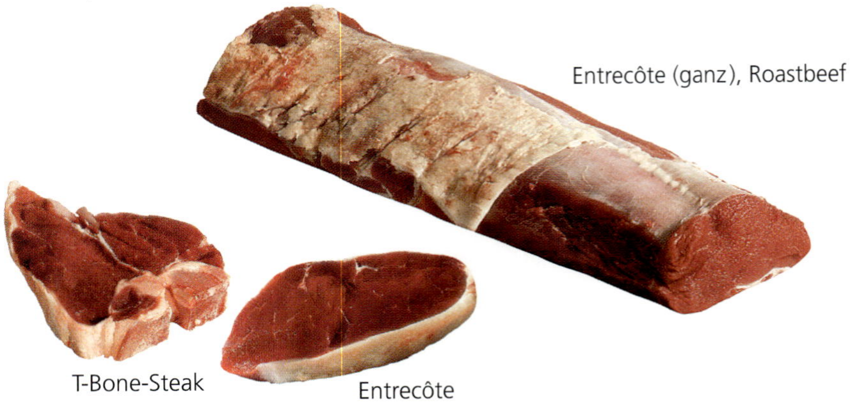

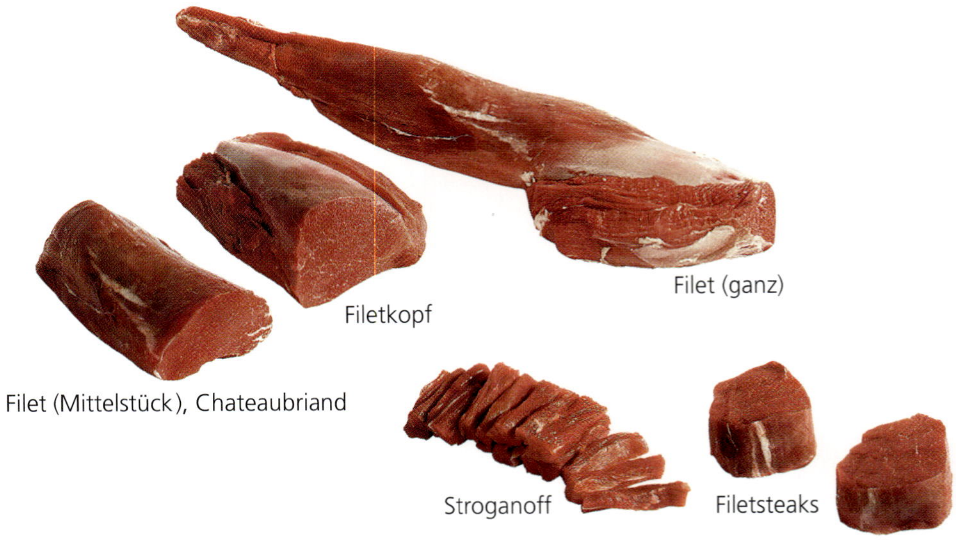

Huft

Huft (ganz)

Huftdeckel

Breite Huft

Schmale Huft

Stotzen

Eckstück (dressiert)

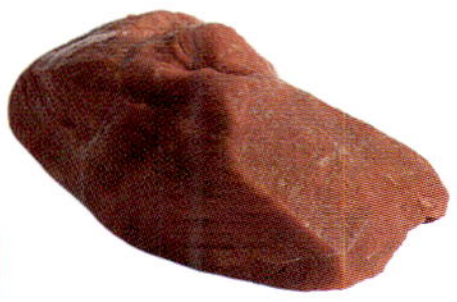

Mittelstück

Runder Mocken

Flache Nuss

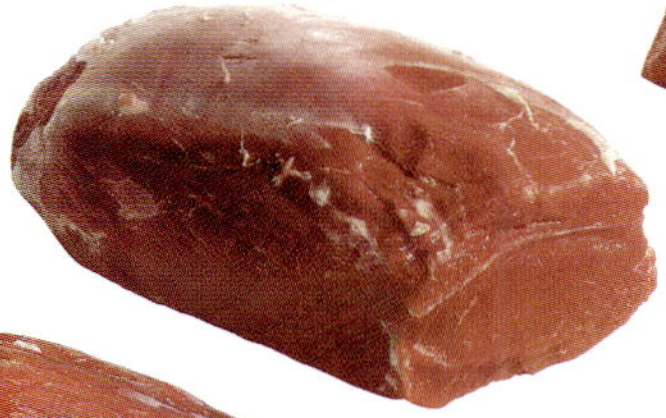

Runde Nuss

Unterspälte Bratenstück

Gespickter Braten

Geschnetzeltes

Stück um Stück vom Kalb

Die beliebtesten Fleischstücke

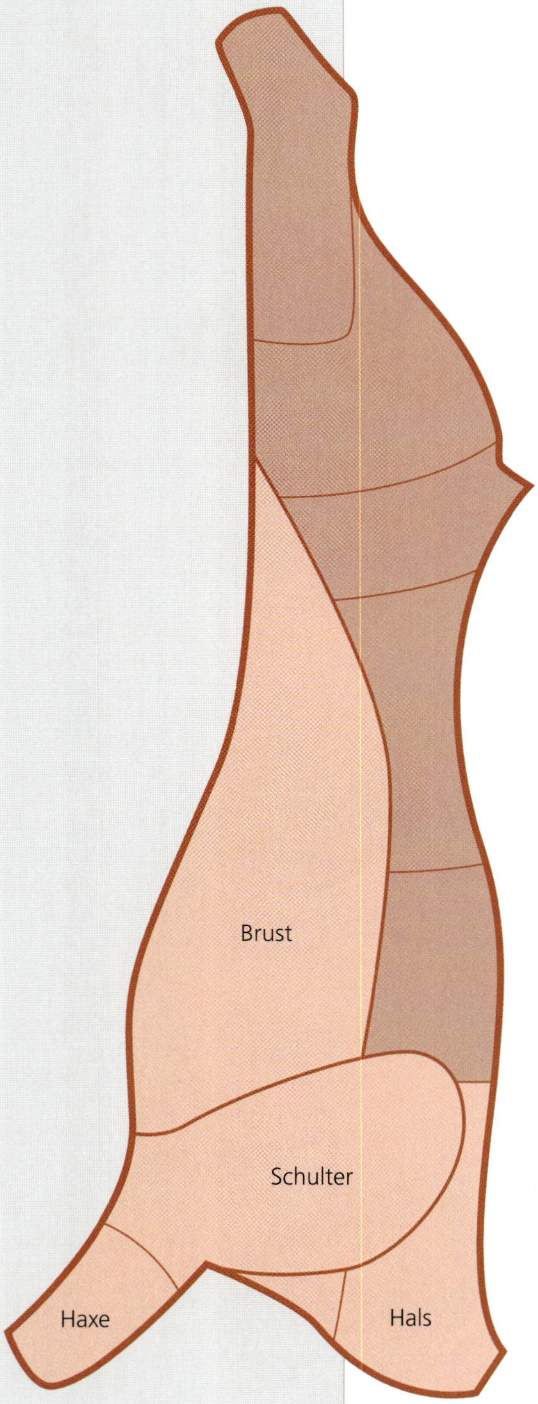

KALBFLEISCH
stammt von weiblichen oder männlichen Tieren, die im Alter von vier Monaten geschlachtet werden. Ihr mageres, feinfaseriges Fleisch ist hellrosa und weist eine feucht glänzende Schnittfläche auf. Da Kalbfleisch wenig Bindegewebe und Fett enthält, ist es leicht verdaulich und gut bekömmlich.

STÜCKE VOM VORDERVIERTEL
wurden vom Tier mehr beansprucht und enthalten deshalb Bindegewebe. Schmoren wandelt das Bindegewebe mit Hilfe von Hitze und Wasser in kaubare, saftige Gelatine um und macht die Fleischstücke zart.

Schulter

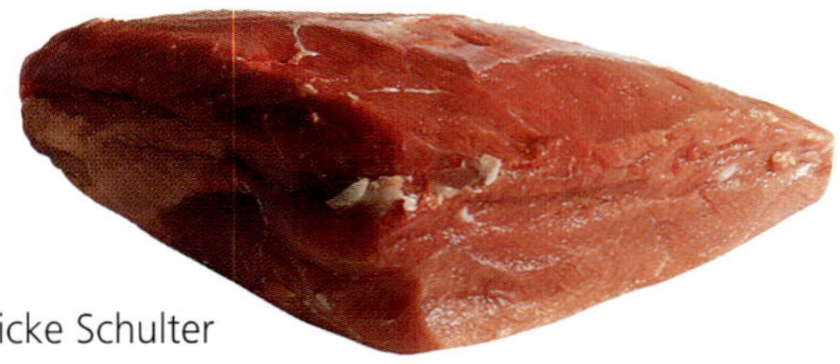

Dicke Schulter

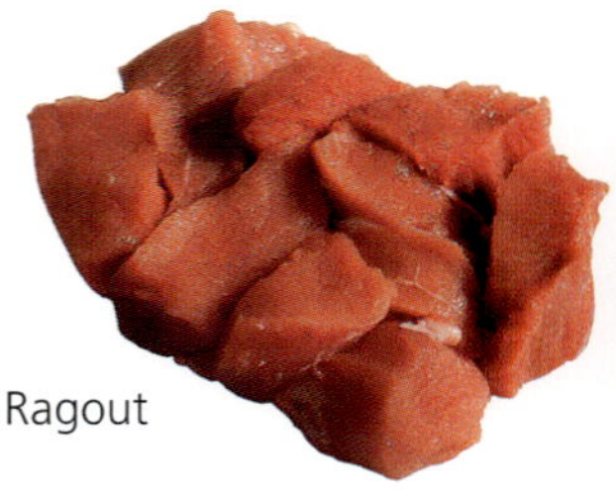

Ragout

Schulterfilet

Schulterspitz

Haxe

Haxen (geschnitten)

von Peter Schneider, Proviande, Bern

Hals

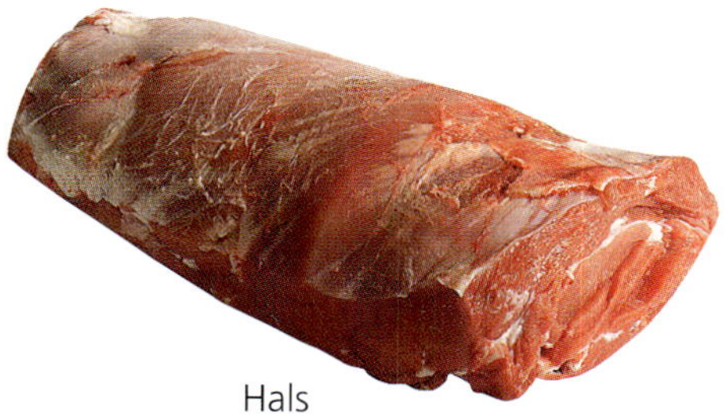

Hals

Ragout

Hals (gerollt)

Brust

Brustschnitten

Brust

Brust (gerollt)

Arrostini

Stück um Stück vom Kalb

Die beliebtesten Fleischstücke

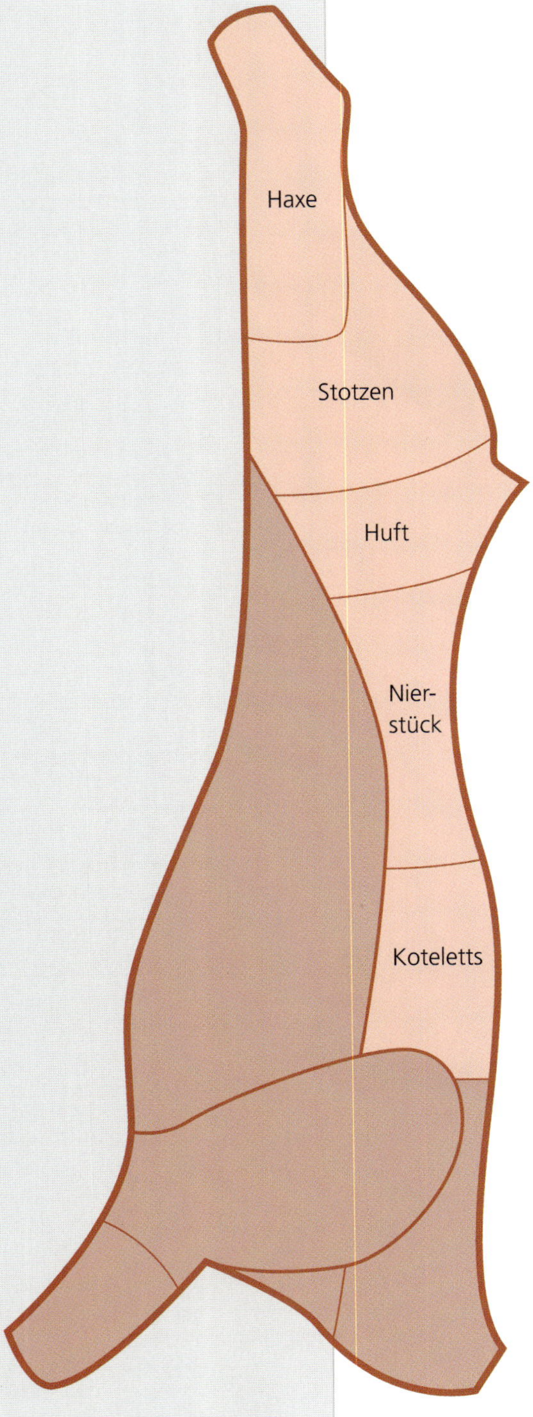

STÜCKE VOM HINTERVIERTEL gelten als Edelstücke. Weil diese Muskelpartien vom noch jungen Tier wenig beansprucht wurden, enthalten sie kaum Bindegewebe. Als Kurzbratstücke zubereitet, stehen die Geschmacksbildung und der Erhalt des Fleischsaftes im Vordergrund.

Koteletts

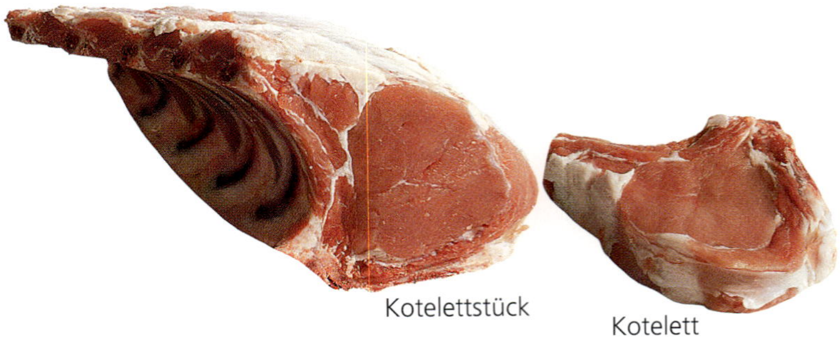

Kotelettstück

Kotelett

Nierstück

Steak

Nierstück für Steak

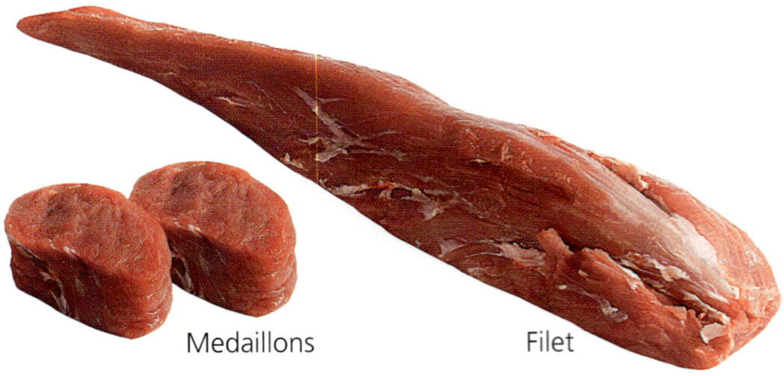

Medaillons

Filet

von Peter Schneider, Proviande, Bern

Stotzen

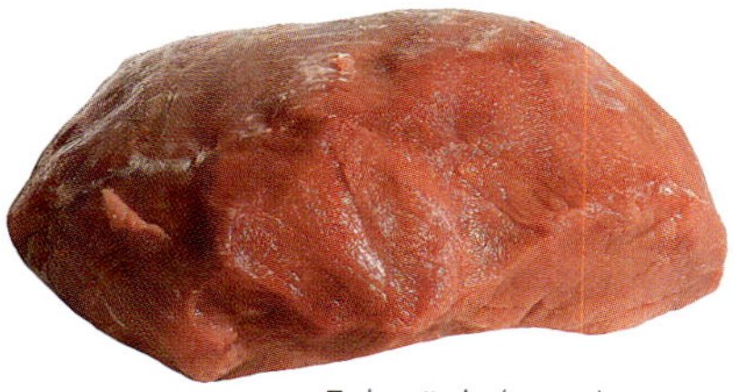

Eckstück (ganz)

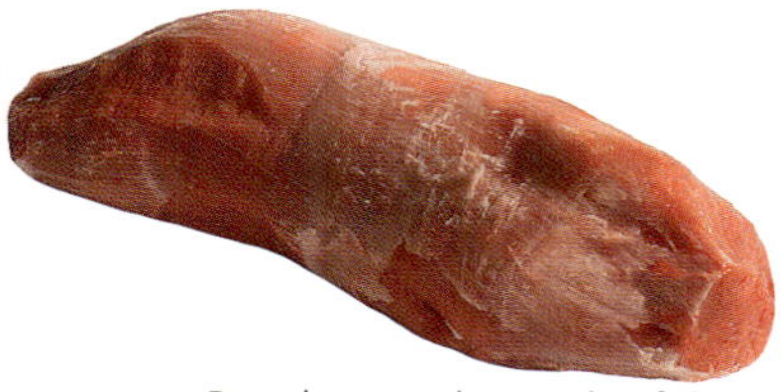

Runder Mocken oder falsches Filet

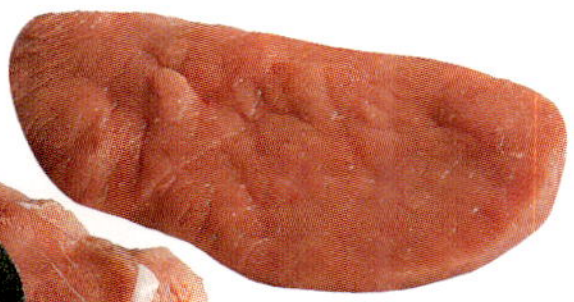

Plätzli vom Eckstück

Saltimbocca

Geschnetzeltes

Runde Nuss

Flache Nuss

Huft

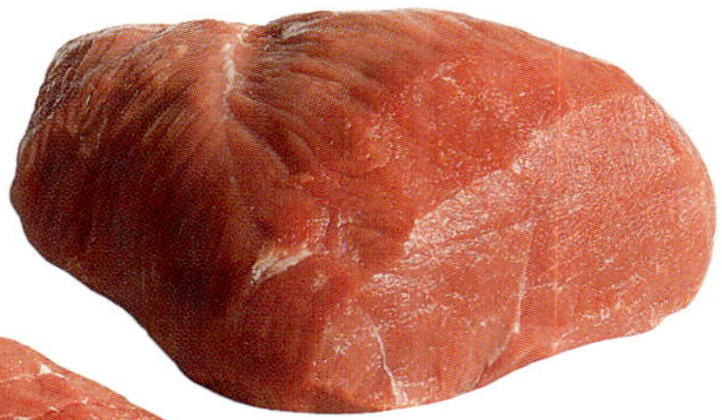

Huft (ganz)

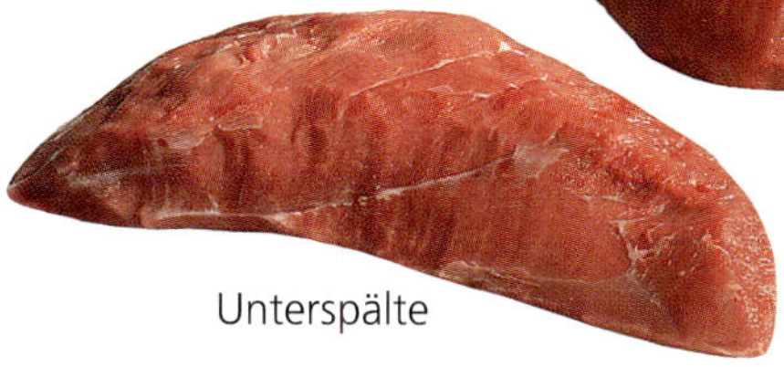

Unterspälte

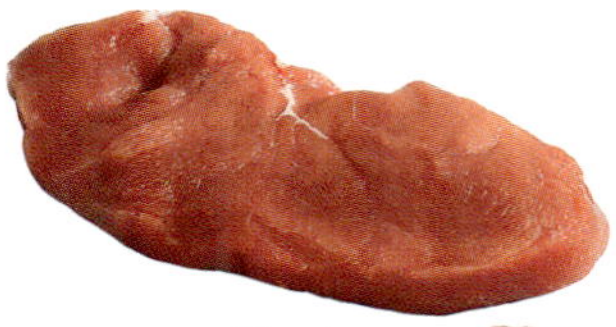

Steak

Schnitzel für Cordon bleu

Haxe

Haxen (geschnitten)

Stück um Stück vom Schwein

Die beliebtesten Fleischstücke

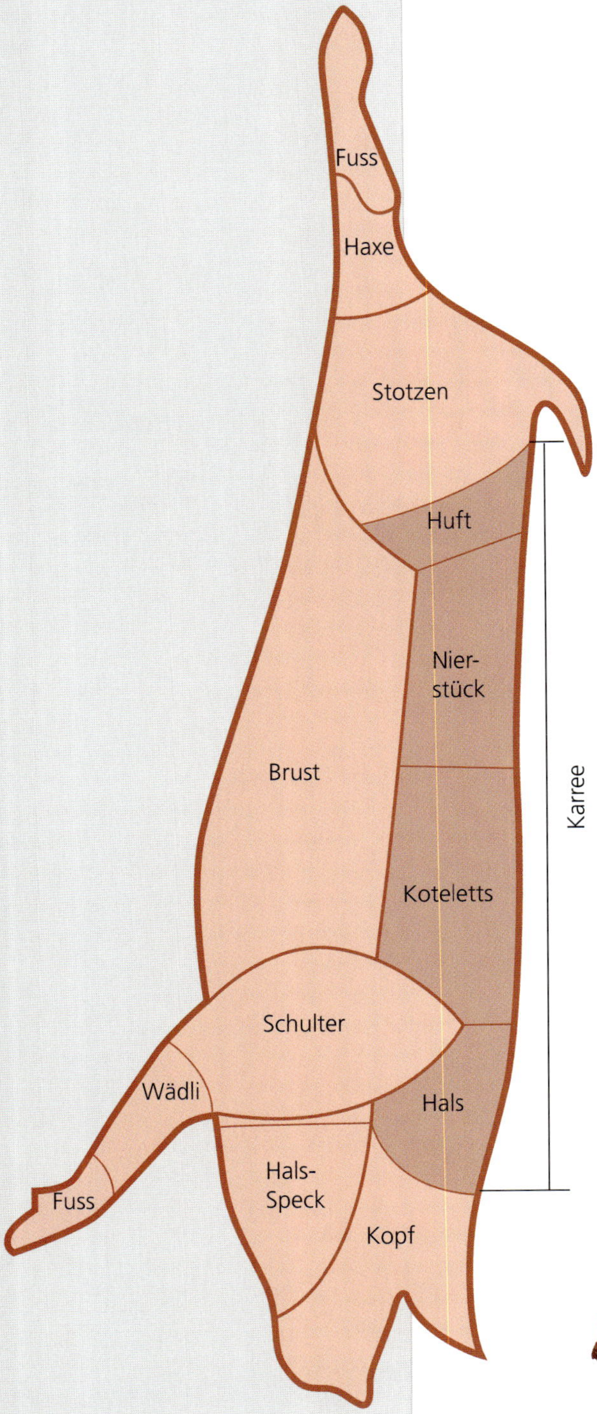

SCHWEINEFLEISCH
Diese Fleischstücke stammen von jungen Mastschweinen, die im Alter von sieben bis acht Monaten geschlachtet werden. Das rosafarbene Fleisch ist feinfaserig und zart. Während ab der Mitte des 20. Jahrhunderts aufgrund von Konsumentenwünschen vorwiegend magere Schweine gezüchtet wurden, sind heute wieder Schweine gefragt, die etwas mehr Fett in der Muskulatur aufweisen, also marmoriertes Fleisch liefern.

Schulter

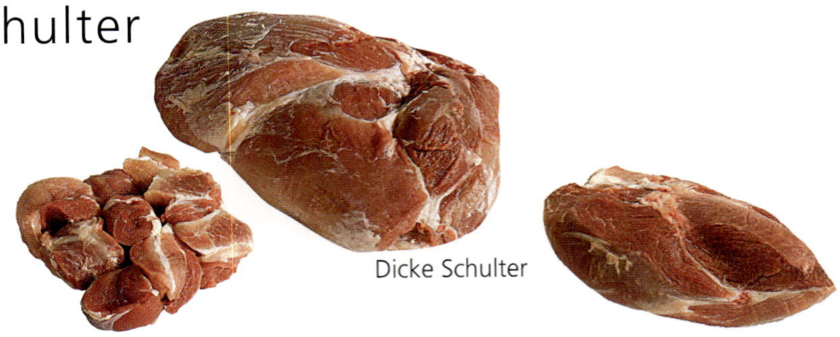

Dicke Schulter

Ragout (durchzogen)

Schulterfilet

Haxe

Haxe (ganz)

Brust

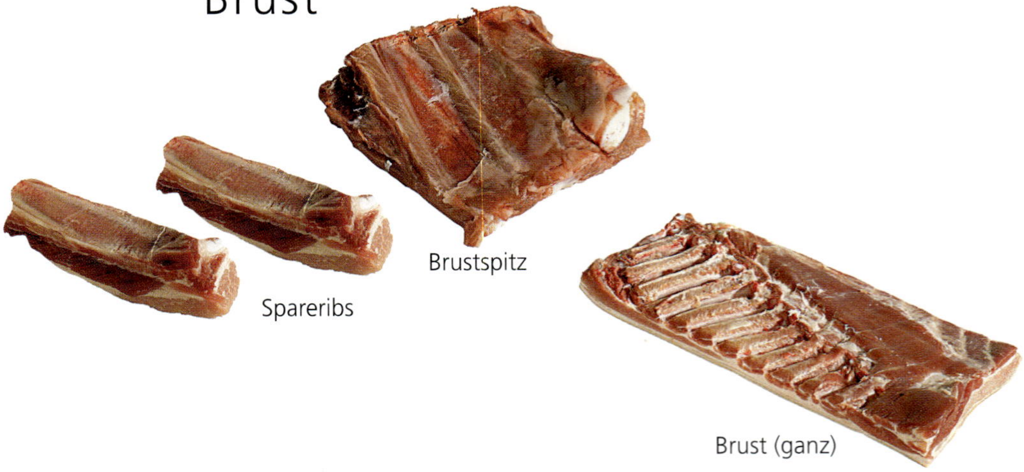

Brustspitz

Spareribs

Brust (ganz)

von Peter Schneider, Proviande, Bern

Stotzen

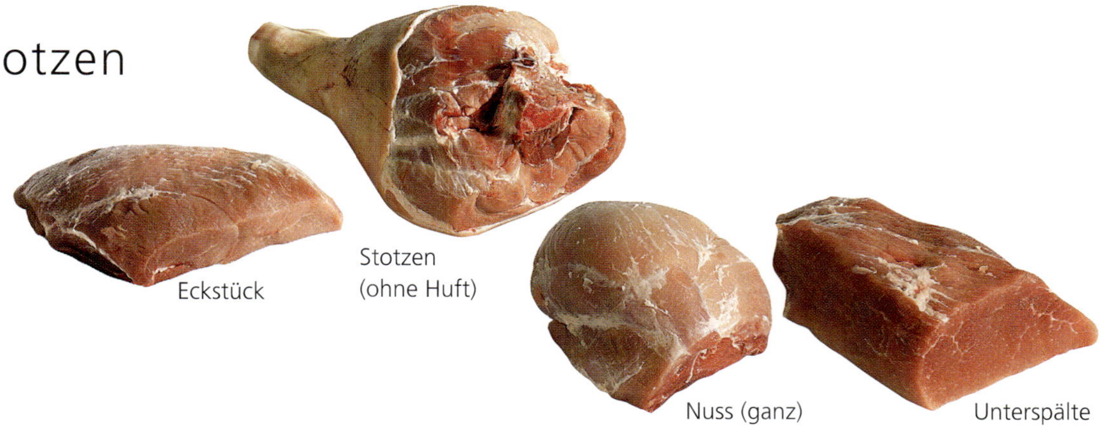

Eckstück

Stotzen (ohne Huft)

Nuss (ganz)

Unterspälte

Huft

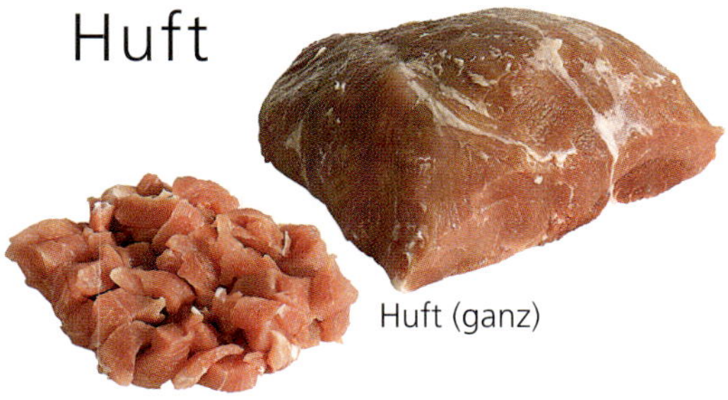

Huft (ganz)

Geschnetzeltes

Nierstück

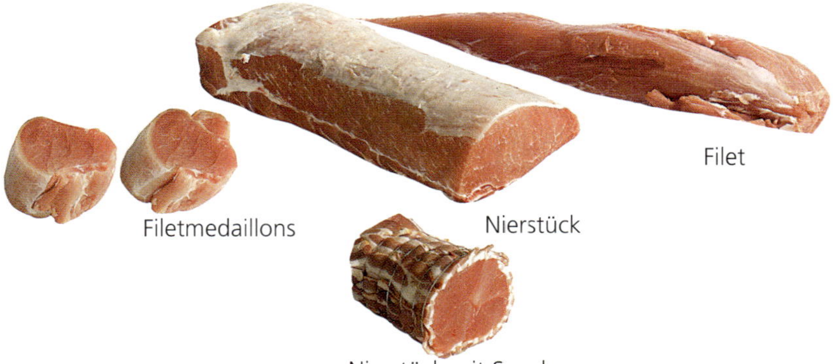

Filet

Filetmedaillons

Nierstück

Nierstück mit Speck

Koteletts

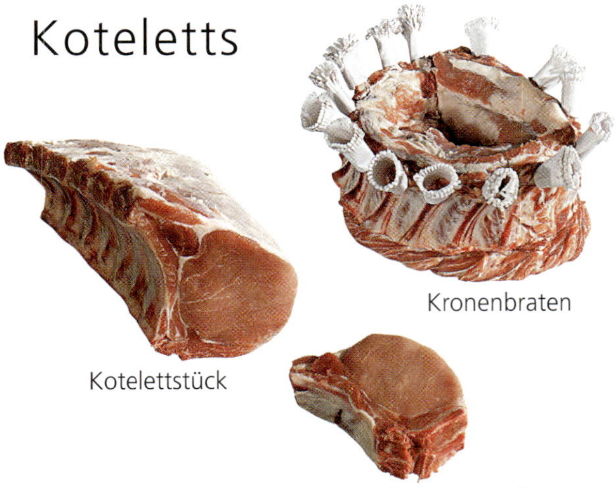

Kronenbraten

Kotelettstück

Kotelett (geschnitten)

Hals

Hals (ganz)

Hals gerollt

Stück um Stück vom Lamm

Die beliebtesten Fleischstücke

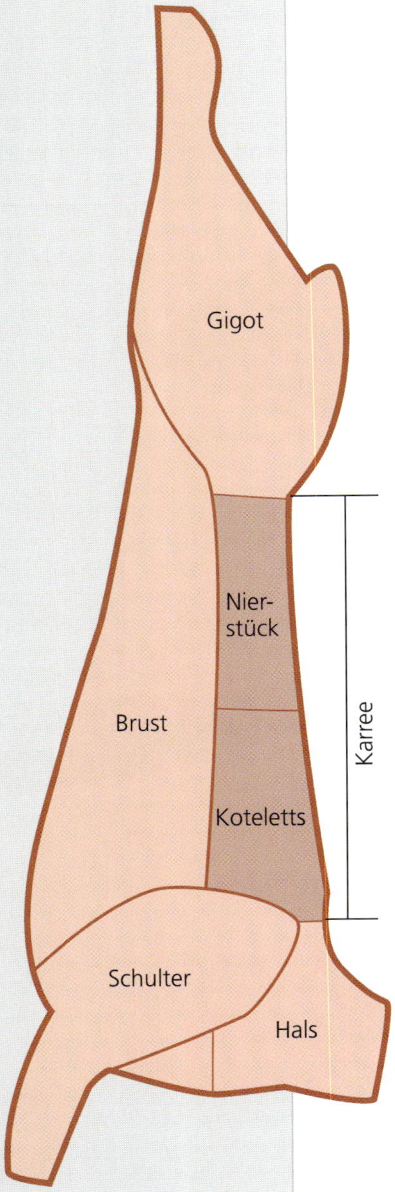

LAMMFLEISCH
stammt von Tieren, die bis zu einem Jahr alt sind. Gute Schlachtlämmer zeigen an Keule und Rücken einen guten Fleischansatz und eine dünne, helle Fettschicht. Milchmastlämmer sind Tiere, die nicht älter als sechs Monate sind, Mastlämmer sind 11 bis 12 Monate alt. Saftiges Lammfleisch ist hellrot, bei älteren Tieren von etwas dunklerer Farbe.

Gigot

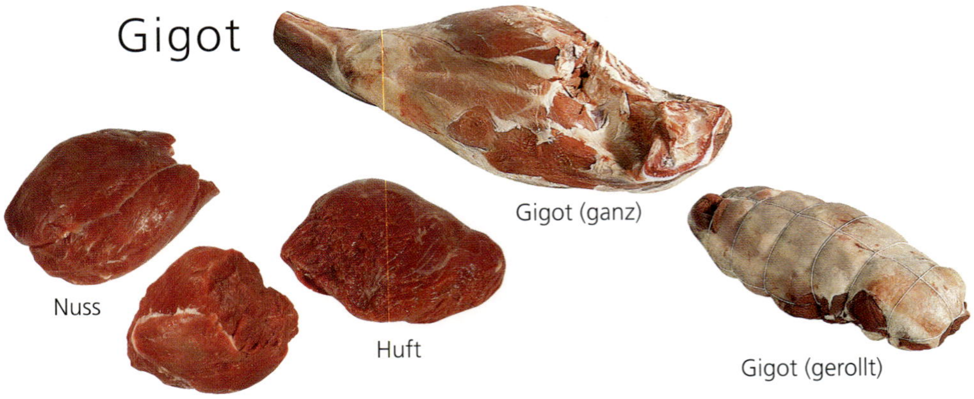

Gigot (ganz)

Nuss

Huft

Gigot (gerollt)

Bäggli

Karree

Filet

Coquilles

Koteletts (geschnitten)

Kotelettstück

Brust

Voressen (mit Bein)

Brust (ohne Bein, gerollt)

Schulter

Schulter (ganz)

Schulter (ohne Bein, gerollt)

Voressen (ohne Bein)

Hals

– vom Pferd

von Peter Schneider, Proviande, Bern

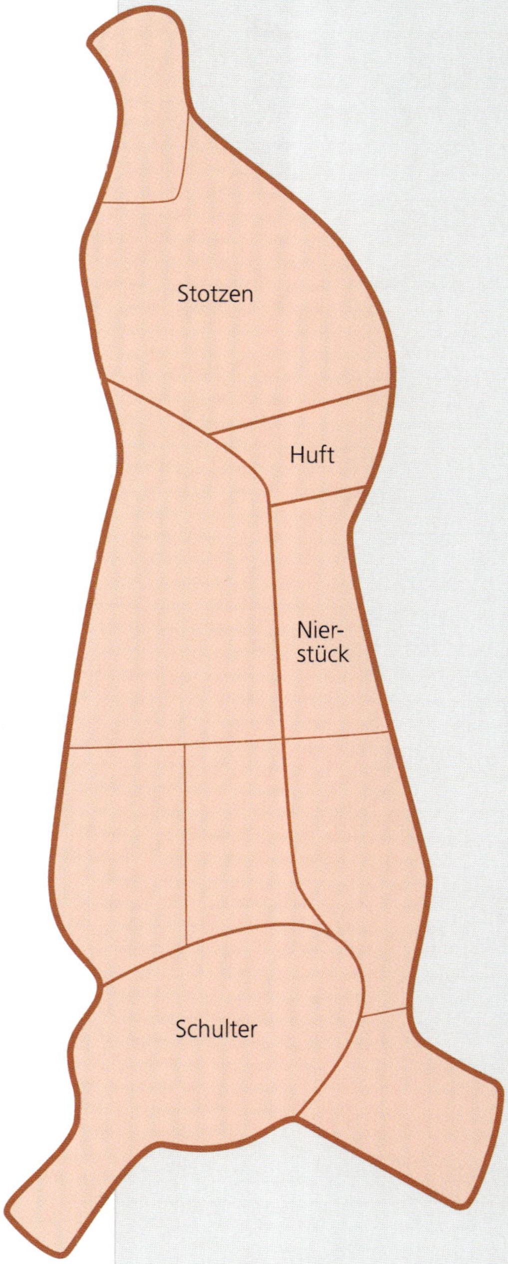

PFERDEFLEISCH
ist röter als Rindfleisch, enthält halb so viel Fett und ist auch beim älteren Tier zart. Die rote Muskelfarbe stammt vom hohen Eisengehalt. Pferdefett ist zudem reich an ungesättigten Fettsäuren. Pferdefleisch hat dreimal mehr Calcium und nur halb so viel Natrium wie Rind. Dank dem hohen Glykogengehalt schmeckt es leicht süss. Allen physiologischen und sensorischen Vorteilen zum Trotz: Pferdefleisch ist vielerorts tabu; der Konsum beschränkt sich auf ein kleines (aber durchaus anspruchsvolles) Publikum.
So gelangen Stücke vom Vorderviertel kaum in den Verkauf. Es werden vorwiegend Edelstücke vom Hinterviertel konsumiert.

Schulter

Schulterspitz

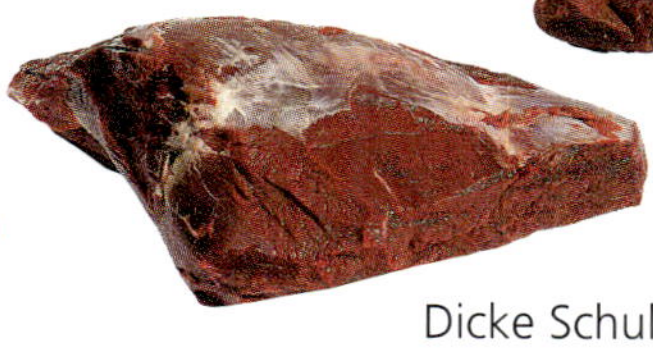

Dicke Schulter

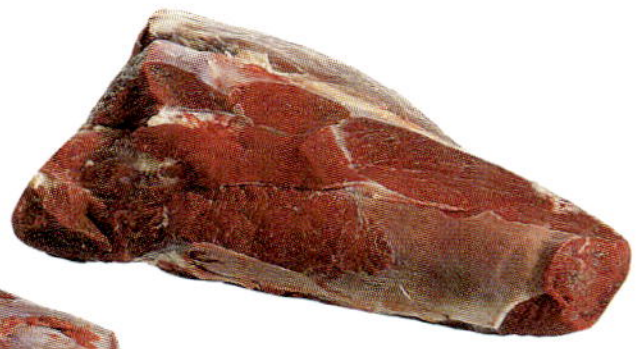

Schulterfilet

Stotzen

Eckstück (ganz)

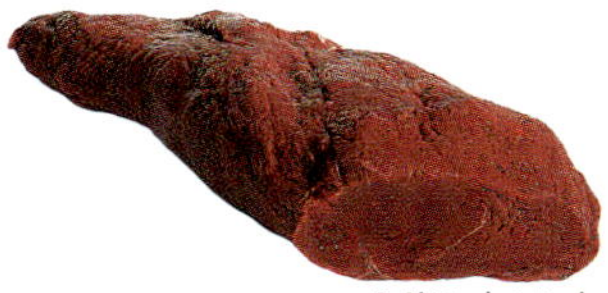

Mittelstück

Eckstück

Schmale Huft

Breite Huft

Nierstück

Entrecôte

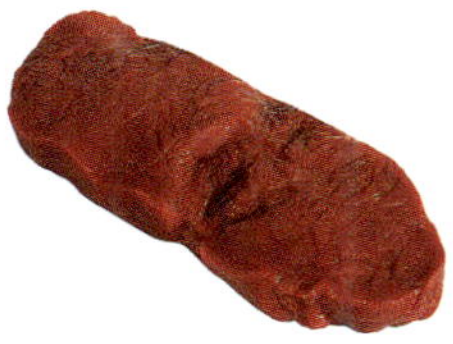

Entrecôte (geschnitten)

Filet (ganz)

Stroganoff

Filet (Mittelstück)

Stück um Stück vom Geflügel

Die beliebtesten Fleischstücke

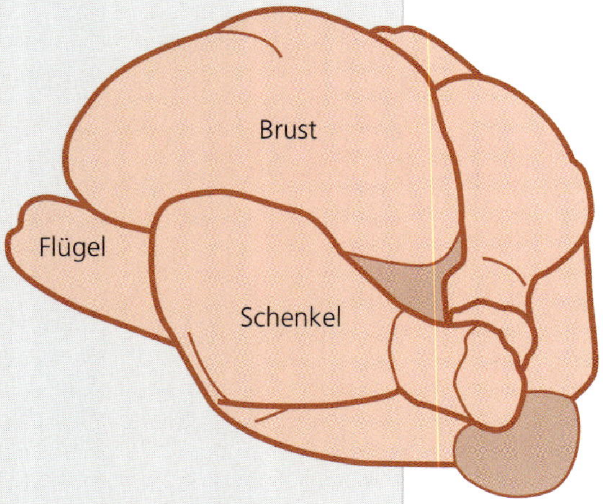

GEFLÜGELFLEISCH
Frisches Geflügel hat einen angenehmen, frischen Geruch. Es weist eine gleichmässig helle Farbe auf und fühlt sich fest an. Die Haut muss trocken und darf nicht schmierig sein. Poulet ist der Sammelbegriff für das Brathuhn. Die etwas kleineren Grillpoulets (700–1100 g) sowie die normalen Bratpoulets (bis 1400 g) haben ein aromatisch ausgereiftes Fleisch. Ganze Poulets eignen sich zum Braten, Grillieren, Schmoren oder Pochieren. Der Verwendung von Pouletteilen sind praktisch keine Grenzen gesetzt. Mistkratzerli oder Coquelets sind kleine Poulets (450–600 g) für ein bis zwei Personen. Sie haben besonders zartes, weisses Fleisch und eignen sich zur Zubereitung delikater Geflügelgerichte. Sie werden meist im Ofen ganz gebraten, gegrillt oder geschmort.

Poulet

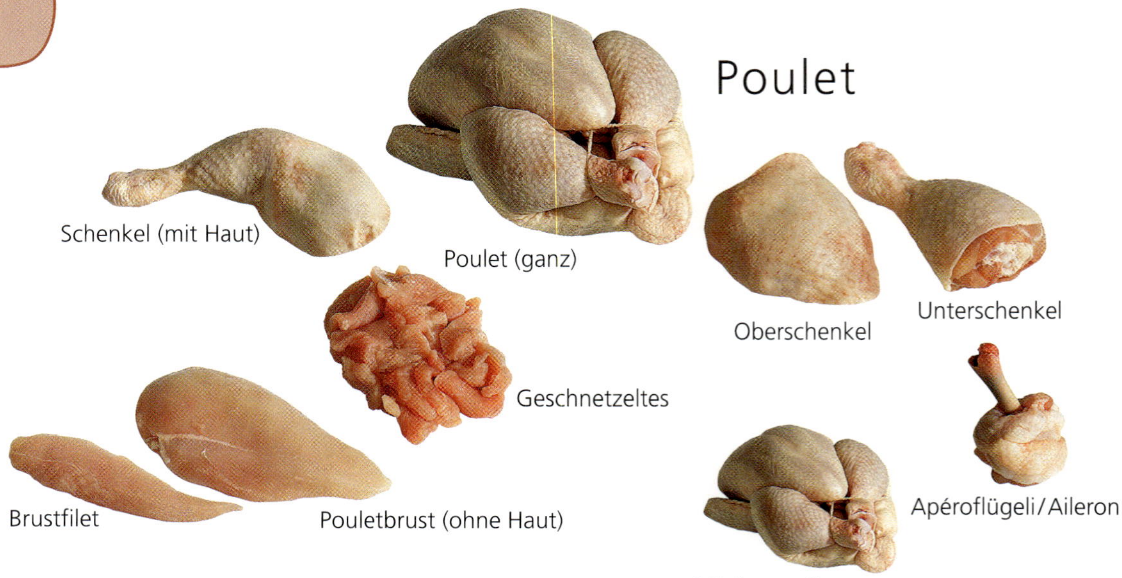

Trute

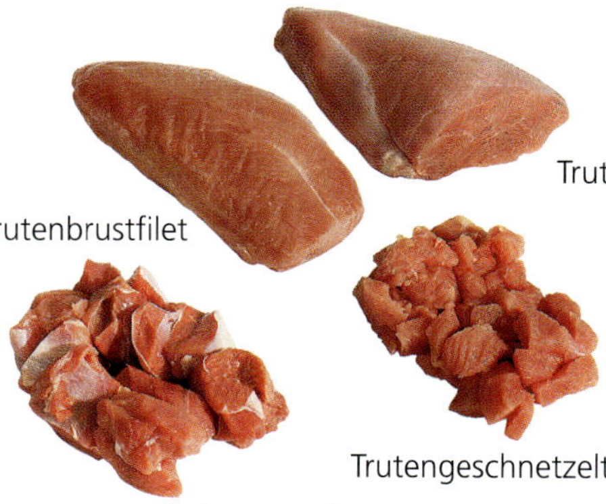

Strauss

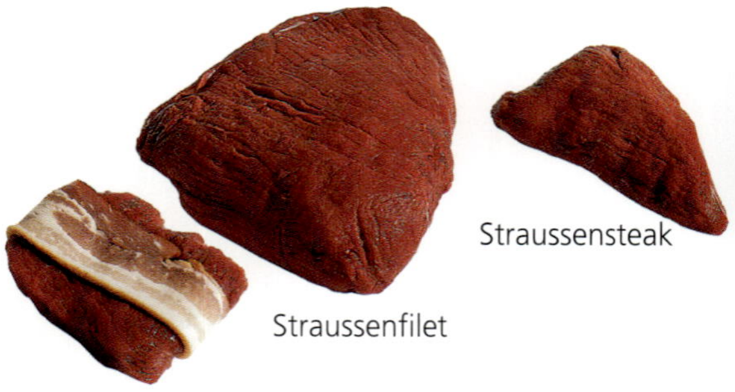

Ente

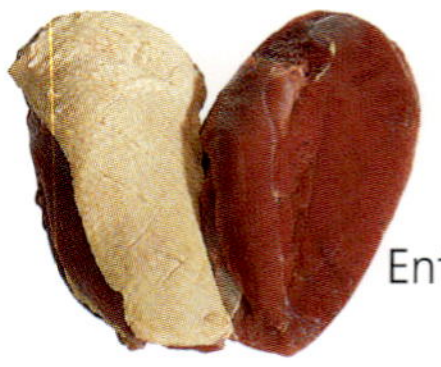

– vom Kaninchen

von Peter Schneider, Proviande, Bern

KANINCHENFLEISCH
ist zart, wohlschmeckend und gesund. Weil es sehr fettarm ist und einen hohen Nährstoffgehalt aufweist, wird es auch als Diätkost sehr geschätzt. Zubereitet wird es in Teilstücken als Schmorgericht im Ofen, gebraten oder grilliert.

Kaninchen

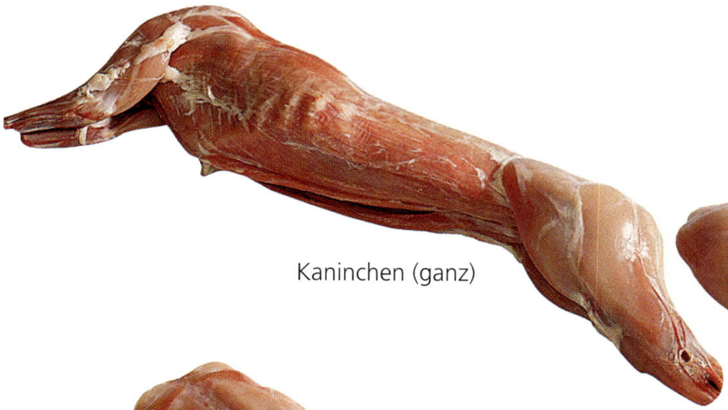

Kaninchen (ganz)

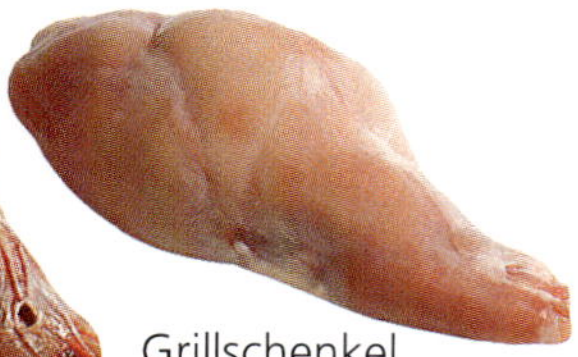

Grillschenkel

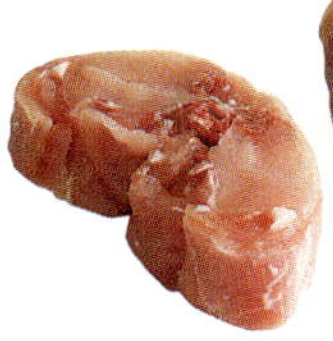

Rücken (geschnitten)

Rücken

Rollbraten

Ragout

Filet

Nussspiessli

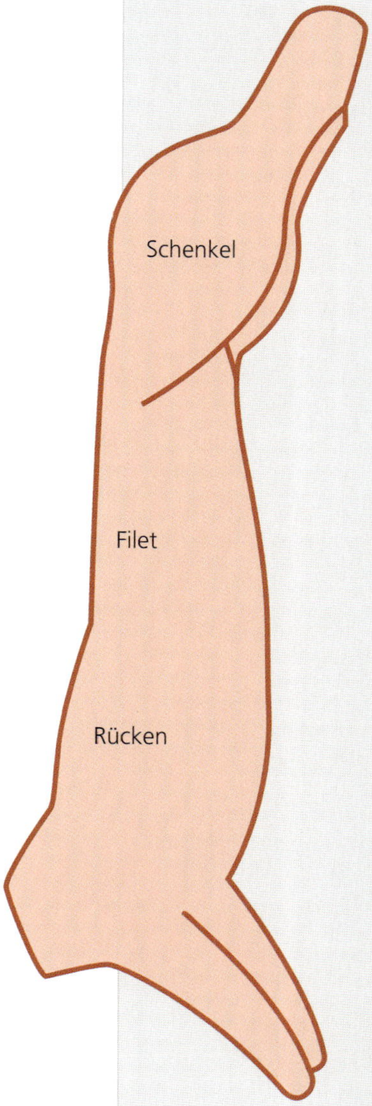

Stück um Stück vom Wild

Die beliebtesten Fleischstücke

WILDFLEISCH
enthält wenig Fett und ist reich an Eiweiss, Mineralstoffen und Vitaminen. Es ist leicht verdaulich und eignet sich auch besonders für die Diät- und Schonküche. Das Reh ist das beliebteste Haarwild unserer Breiten. Die Jagdsaison beginnt im September und endet im März. Besonders schmackhaft ist Rehfleisch zwischen Oktober und Dezember. Das Fleisch ist dunkelrot, fettarm und hat einen starken Wildgeschmack. Das beste Fleisch liefern Rehe im Alter von höchstens drei Jahren. Ältere Rehe haben grobfaseriges und schwer verdauliches Fleisch. Sie sollten nur noch zu Pasteten oder Farcen verarbeitet werden. Der beste Teil des Rehs ist der Rücken, für viele die Krönung kulinarischer Genüsse. Er sollte kurz gebraten und innen noch leicht rosa sein, die Keulen können gebraten oder geschmort werden. Aus den restlichen Teilen wie Schultern, Brust oder Hals werden Pasteten oder Ragout (Rehpfeffer) zubereitet.

Reh

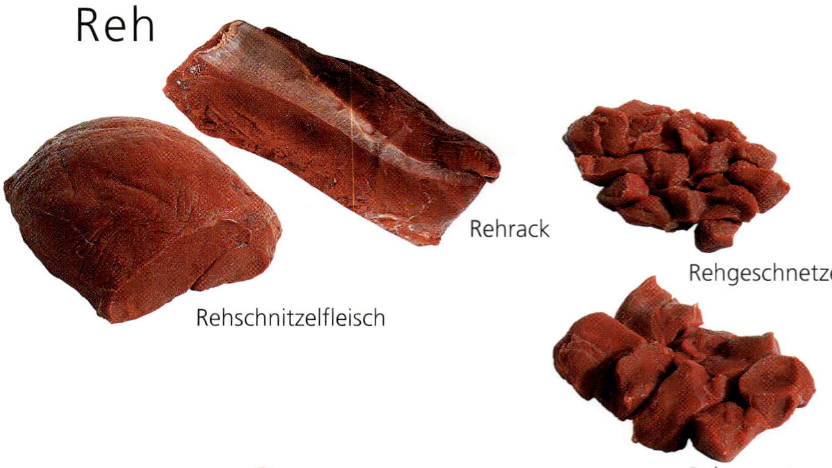

Hirsch

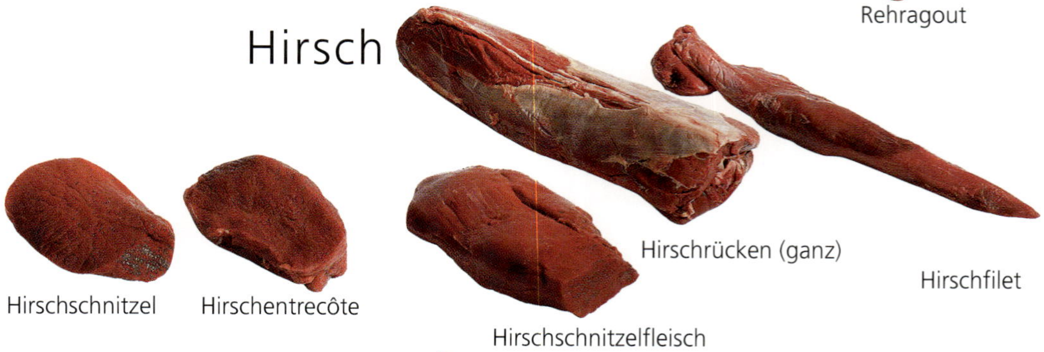

Wildschwein

Innereien von Rind, Kalb und Schwein

von Peter Schneider, Proviande, Bern

INNEREIEN
Einige der Innereien gelten immer noch als Delikatessen und finden in vielen regionalen Spezialitäten Verwendung. «Buseca ticinese», «Suuri Leberli» oder «Milkenpastetli» sind nur einige der Spezialitäten mit den nährstoffreichen Innereien.

Schwein

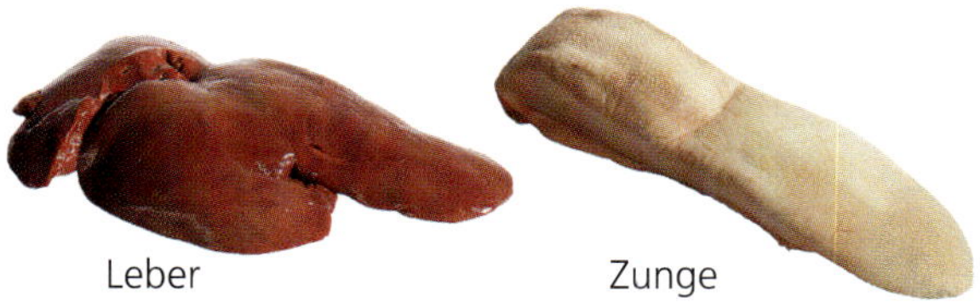

Rind

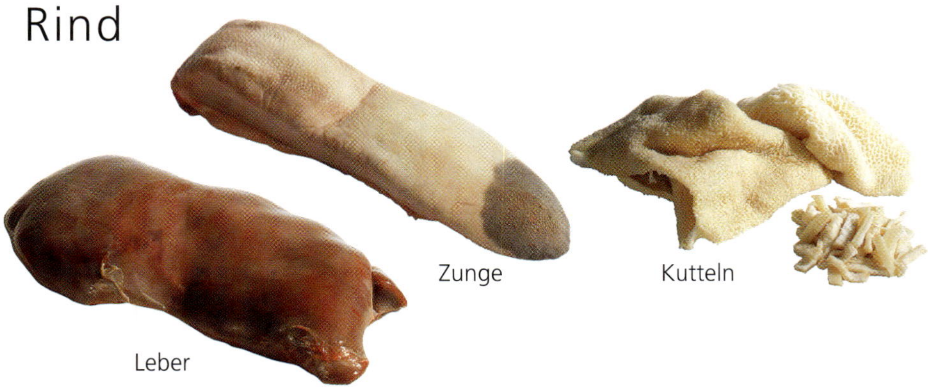

Kalb

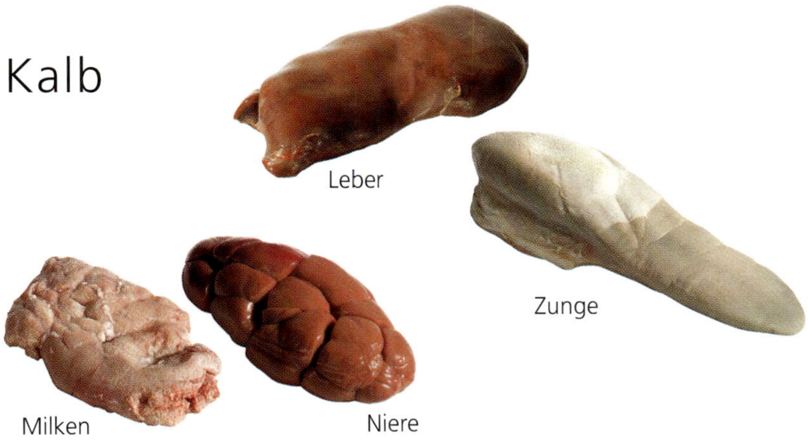

Das Fleisch in der Ernährung

Gesund und vielfältig in der Zubereitung

Der Stellenwert von Fleisch im Speiseplan

Das Fleisch in der Ernährung

Eine genussvolle und gesunde Ernährung benötigt Ausgewogenheit und Abwechslung. Da jedes Nahrungsmittel in seinem Nährwert einzigartig ist, leistet es seinen entsprechenden Beitrag zu einer lückenlosen Nährstoffversorgung. Dies gilt auch für Fleisch.

Fleisch enthält erstklassige Nährstoffe und ist Bestandteil der Nahrungsmittelgruppe von Fleisch, Fisch, Eiern und Hülsenfrüchten. Alle Nahrungsmittel dieser Gruppe sind Lieferanten von hochwertigem Protein (Eiweiss) sowie wichtigen Vitaminen und Mineralstoffen, die in dieser Qualität oder Konzentration in keiner anderen Gruppe vorkommen.

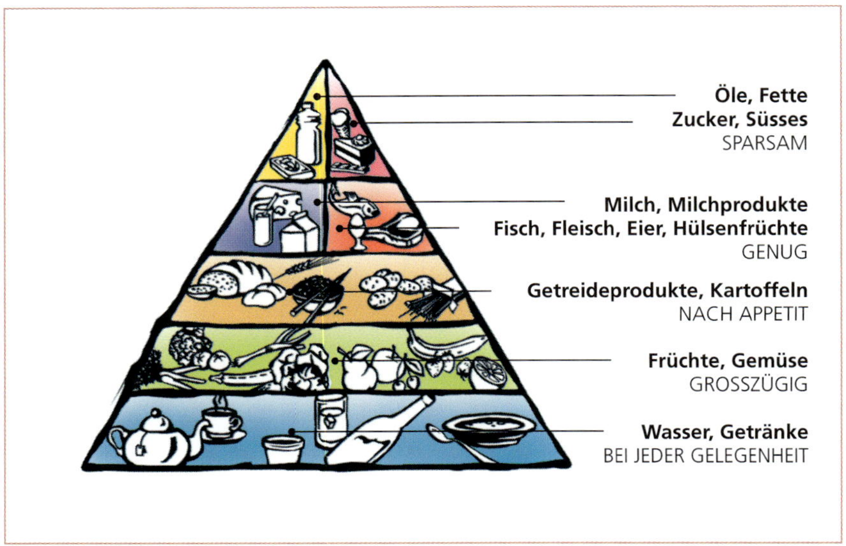

Quellen:
Konzept: Dual/Emmenegger
Illustration: SVE Schweizer Vereinigung für Ernährung

DIE NAHRUNGSMITTEL-PYRAMIDE

Die Nahrungsmittelpyramide zeigt, von welchen Gruppen wie viel gegessen werden darf. Wer täglich alle Gruppen (Stufen) im empfohlenen Verhältnis berücksichtigt, hat eine vollständige Versorgung mit allen lebenswichtigen Nährstoffen. Aus der Spitze der Pyramide kann in kleinen Mengen genossen werden, aus dem unteren Teil grosszügig und bei jeder Gelegenheit.

Der Energie- und Nährstoffgehalt der Nahrungsmittel ändert sich von unten nach oben. Wasser als Quelle des Lebens bildet die Basis. Früchte und Gemüse enthalten nebst den bekannten Nährstoffen auch viele Duft- und Farbstoffe (sekundäre Pflanzenstoffe), deren überaus hohe gesundheitsfördernde Wirkung erst in jüngster Zeit erkannt wurde. Die Gruppe der Getreide spendet Energie für Denkarbeit, Bewegung und Ausdauer, wobei bei Vollkornprodukten diese Wirkung länger anhält. Die Milchprodukte sind die wichtigsten Kalziumspender für starke Knochen und liefern wie Fleisch hochwertiges Protein (Eiweiss). Bei der Gruppe von Ölen und Fetten kommt Qualität vor Quantität. Flüssige Öle (z. B. Raps, Oliven) enthalten mehr gesunde Fettsäuren als Fette, die bei Zimmertemperatur hart sind. Süssigkeiten sind sparsam zu geniessen. Diese «leeren Kalorien» sind zum Verwöhnen und liefern kurzfristige Energie.

Fleisch enthält eine einzigartige Kombination von erstklassigen Nährstoffen und ist deshalb ein wichtiger Baustein der Nahrungsmittelpyramide. Das Protein im Fleisch baut nicht nur Muskeln auf, es ist auch wichtig für die Aufrechterhaltung aller Lebensfunktionen. Die Bausteine des Fleischproteins (Aminosäuren) werden jeden Tag benötigt, da unsere Körpersubstanz laufend aufgefrischt wird und neue Zellen hergestellt werden müssen. Fleisch liefert dem Körper die benötigten Aminosäuren nahezu in dem Verhältnis, wie er sie braucht. Bereits eine Portion von 100 Gramm fettarmem Fleisch kann genügend lebensnotwendiges (essenzielles) Protein liefern, um den täglichen Aufbau- und Erneuerungsprozess unseres Körpers zu ermöglichen.

Fleisch hat seine Stellung in unserer Kost geändert. Früher spielte es immer die Hauptrolle auf dem Teller, heute hat es eine wichtige Rolle als Nebendarsteller. Fleisch kann durch pflanzliche Nahrungsmittel ersetzt werden, für eine ausgewogene Ernährung muss die Nahrungsauswahl dann aber umso sorgfältiger getroffen werden.

von Christine Dual Fleckenstein,
Ernährungswissenschafterin, Zumikon

Wer fettarmes Frischfleisch (1–3 Prozent Fett) zubereitet, isst ein hochwertiges Naturprodukt, welches eine hohe Nährstoffdichte aufweist. Das bedeutet, dass magere Fleischstücke oder Geflügel ohne Haut bei vergleichsweise wenig Kalorien einen sehr hohen Anteil – «ein Konzentrat» – an wertvollen Inhaltsstoffen (Protein, Eisen, Zink und Selen) liefern. Es wäre aber schade, jegliches sichtbare Fett abzuschneiden, denn das Fett im Fleisch ist Aromaträger und ermöglicht zudem die Aufnahme fettlöslicher Nährstoffe. Bei zunehmendem Fettgehalt, speziell bei Wurstwaren und Aufschnitt, nimmt jedoch die Nährstoffdichte dieser positiven Stoffe wegen des hohen Kaloriengehaltes ab. Eine hohe Zufuhr an Fetten, die bei Zimmertemperatur fest sind, wird heute als Risikofaktor für Übergewicht, Herz-Kreislauf-Erkrankungen, Dickdarmkrebs und Typ-2-Diabetes betrachtet.

WIE VIEL FLEISCH SOLL ES SEIN?

Die empfohlenen Mengen zum Fleischkonsum widerspiegeln die jeweils aktuellen Erkenntnisse der Ernährungsmedizin. Einerseits macht die rein visuelle Darstellung wie in der Pyramide Sinn, da absolute Mengen nicht für jedermann zutreffen, sondern lediglich für einen standardisierten Menschen von 70 Kilogramm Körpergewicht, bei durchschnittlicher Aktivität, berechnet sind. Die aktuellen offiziellen Empfehlungen verschiedener Organisationen:

- Schweizerische Vereinigung für Ernährung, Bern, 2000: 2–4-mal pro Woche eine Portion Fleisch (= 80–120 Gramm), mehr ist unnötig, weniger problemlos. Maximal einmal pro Woche anstelle von Fleisch Gepökeltes wie Schinken, Wurst oder Speck essen.

- Bundesamt für Gesundheit, BAG, Bern, 2000: Pflanzliche Nahrungsmittel bevorzugen. Fleisch ist ein wertvolles und kostbares Nahrungsmittel, aber wir benötigen es nicht alle Tage.

- USA «Food Guide Pyramid» (USDA), 1992: Noch sind täglich 2–3 Portionen mit einem Total von 140–200 Gramm empfohlen. Starker Gegenwind bläst nun aber von der «New Food Pyramid» von W.C.Willett & M.J.Stampfer, die Fleisch zum sparsamen Verzehr zuoberst in der Spitze ansiedeln.

Die Diskussionen werden weitergehen, zurzeit lautet die Devise: genug, aber nicht übermässig.

Der Stellenwert von Fleisch im Speiseplan

Das Fleisch in der Ernährung

WER BRAUCHT WIE VIEL PROTEIN?

Reines Muskelfleisch enthält rund 20 Prozent Protein (Eiweiss). Bei den empfohlenen 100 Gramm Fleisch täglich sind dies 20 Gramm Protein. Der Rest wird durch andere Nahrungsmittel (Milch, Getreide u.a.m.) gedeckt. Der Proteinbedarf beträgt 0,8 Gramm pro Kilogramm Körpergewicht, was bei 70 Kilogramm Körpergewicht 56 Gramm Protein entspricht. Der Bedarf von Kindern im Alter von 1–15 Jahren ist um zehn Prozent erhöht. Schwangere Frauen haben ab dem vierten Monat ebenfalls einen erhöhten Bedarf, wie auch Sportler, die sich in einer intensiven Muskelaufbauphase befinden. Der Proteinbedarf wird im Allgemeinen überschätzt. Für die Entwicklungsländer kann die Weltgesundheitsorganisation (WHO) lediglich hoffen, dass diese Werte bald erreicht werden (können?).

ERNÄHRUNGSVERHALTEN UND -TRENDS

Der Fleischkonsum pro Kopf hat seit 1950 mit 30 Kilogramm/Jahr stetig zugenommen bis zu einem Kulminationspunkt im Jahre 1987 bei 60 Kilogramm/Jahr. Danach sank er bis 1995 wieder auf 50 Kilogramm. Der allgemein rückläufige Fleischkonsum hat interessante bevölkerungsspezifische Eigenschaften. Aufgrund der Schweizerischen Gesundheitsbefragung von 1997 isst ein guter Fünftel täglich Fleisch oder Wurstwaren, Männer häufiger als Frauen (29 Prozent vs. 15 Prozent). Tessiner, ausländische und nicht rauchende Männer, sportlich aktive und gesundheitsbewusste Personen essen signifikant seltener täglich Fleisch oder Wurstwaren. Eine andere Untersuchung am Kinderspital St.Gallen zeigt, dass ein Drittel der 15–18-jährigen Mädchen auf Fleisch verzichten, bei den Knaben sind es nur 3–4 Prozent. Die Eisenzufuhr war tatsächlich ungenügend und manifestierte sich in tiefen Eisenspeicherwerten. Die Erklärung dafür ist, dass bei Jugendlichen das Essen stark von soziokulturellen Werten geprägt ist. Ernährungsinformation wird deshalb immer wichtiger. Der moderne Konsument bzw. die moderne Konsumentin verhält sich ambivalent: Einerseits ist die Gesundheit ein wichtiges Thema, andererseits ist der Verzicht auf lieb gewonnene Speisen kein Thema. Ohne grossen Zeitaufwand kochen und zugleich gesund und genussvoll essen ist im Trend. Das ständig wachsende Angebot an Fertig- und Halbfertiggerichten kommt diesem Trend entgegen. Den Ursprung und die Qualität der Ausgangsprodukte betreffend ihrem Nährwert einzuschätzen, wird dadurch jedoch erschwert. Ganz allgemein gilt, dass die Zubereitung von Grundnahrungsmitteln zu Hause den Fertigprodukten vorzuziehen ist, da dann genau bekannt ist, von was wie viel verwendet wurde. Bei der industriellen Verarbeitung werden meist Fett, Salz und Zucker in unerwünscht hohen Mengen zugesetzt. Eine klare und verständliche Deklaration von Inhaltsstoffen, Nährwert und Herkunft ist sehr erwünscht. ■

Der Beitrag des Fleischkonsums zur Deckung des Nährstoffbedarfs

Das Fleisch in der Ernährung

Fleisch ist in vielerlei Hinsicht ein ganz besonderes Lebensmittel. Es geniesst eine überwiegend hohe und gleich bleibende Wertschätzung, obwohl es gleichzeitig (meist zu Unrecht) als Grundübel verschiedener Risiken und Leiden gebrandmarkt wird. Tatsächlich ist Fleisch von besonderer Bedeutung für die Versorgung mit Proteinen, den Spurenelementen Eisen, Zink, Kupfer und Selen sowie wichtigen Vitaminen und funktionellen Fettsäuren.

Grundsätzlich sind es Nährstoffe (und nicht einzelne Lebensmittel), die für den Aufbau und den Unterhalt eines Organismus nötig sind. Es besteht demnach kein physiologisch begründeter Bedarf an Fleisch. Dennoch erscheint die Vermutung nicht ganz abwegig, dass die besondere Wertschätzung mit dem speziellen ernährungsphysiologischen Wert zusammenhängt.
Bezogen auf die klassische Aufteilung der Nährstoffe in Proteine, Kohlenhydrate, Fette sowie Mineralstoffe und Vitamine kann allgemein gesagt werden, dass reines Muskelfleisch zu rund drei Vierteln aus Wasser besteht, daneben hauptsächlich aus Protein, wenig Fett (je nach Tierart und Teilstück <1 Prozent bis 5 Prozent) und so gut wie keinen Kohlenhydraten. Bei Hackfleisch und einigen anderen Fleischprodukten liegt der Fettgehalt höher. Auch in der Zusammensetzung und dem Gehalt an spezifischen Inhaltsstoffen unterscheidet sich das Fleisch der verschiedenen Tierarten und auch der Teilstücke innerhalb der Tierart zum Teil deutlich.

PROTEINE

Fleisch und Fleischprodukte sind wertvolle Proteinträger, nicht nur bezüglich des Gehaltes, sondern auch was die Zusammensetzung des Proteins betrifft. Man kann sich gut vorstellen, dass das Aminosäurenmuster der tierischen Muskeln gut mit dem diätetischen Bedarf unseres Organismus übereinstimmt, der aus ebensolchen Muskeln aufgebaut ist. Fleisch trägt tatsächlich wesentlich zur Deckung des Bedarfes an unentbehrlichen (essenziellen) Aminosäuren bei.

EISEN UND ZINK

Eisen ist das Spurenelement, bei dem weltweit am häufigsten eine Unterversorgung besteht. Auch in den Industrieländern ist eine marginale Eisenversorgung bei bestimmten Bevölkerungsgruppen wie Säuglingen nach dem Abstillen, Kindern im vorpubertären Wachstumsalter, menstruierenden Frauen, Schwangeren und älteren Menschen häufig. Fleisch, Fisch, Geflügel und Innereien sind die einzigen Lebensmittel, die das Eisen als Hämeisen (also gebunden an das Sauerstoff transportierende Protein im Muskel) und als Nicht-Hämeisen enthalten. Hämeisen ist wesentlich besser verfügbar als Nicht-Hämeisen. Die Absorptionsquote von Hämeisen liegt bei 20–30 Prozent, während bei Nicht-Hämeisen bei Getreide und Gemüse die Absorption mit 1–4 Prozent deutlich geringer ist. Ebenfalls von Bedeutung ist, dass im Fleisch keine absorptionshemmenden Inhaltsstoffe vorkommen, wie es sie in Form von Phytinsäure und Tanninen zum Beispiel in pflanzlichen Produkten gibt. Im Gegenteil, ein im Einzelnen noch nicht genau bekannter «Meat Factor» ist beschrieben, der die Verfügbarkeit des in der Nahrung vorhandenen Eisens verbessert (Mulvihill et al., 1998). Fleisch ist daher ein wichtiger Faktor für die Eisenversorgung, obgleich gemäss Berechnungen auf der Basis des Schweizerischen Ernährungsberichts (1998) der direkte Anteil von Fleisch an

von Nadine Gerber, Martin Scheeder und Caspar Wenk,
Eidg. Technische Hochschule (ETH), Zürich

der Eisenversorgung im Mittel weniger als 20 Prozent ausmacht. Eine besondere Rolle kommt dem Fleisch auch für die Versorgung mit Zink zu, das in der Schweiz im Mittel zu über 30 Prozent aus dem Fleisch stammt.

Der Gehalt an Spurenelementen kann stark variieren. Dafür verantwortlich ist nicht nur die tierart- und muskelspezifische Mineralstoffeinlagerung, sondern auch der Gehalt im Futter. So ist z. B. bekannt, dass der Gehalt an Selen, das unter anderem wichtiger Bestandteil antioxidativer Enzyme ist, stark von der regionalen Verfügbarkeit im Boden und damit dem Gehalt in den Futterpflanzen abhängt.

VITAMINE

Fleisch ist auch eine gute Quelle für die Vitamine der B-Familie. Dies gilt insbesondere für Vitamin B_{12} (Cobalamin), das fast ausschliesslich in tierischen Lebensmitteln vorkommt, wobei Fleisch mit über 50 Prozent der Gesamtaufnahme den höchsten Anteil ausmacht (Schlotke und Sieber, 1998). Beim Vitamin B_1 (Thiamin) sind artspezifische Unterschiede von Bedeutung. So konnte im Schweinefleisch ein viel höherer Gehalt nachgewiesen werden als im Fleisch anderer Tierarten. Dafür wurden keine grossen Unterschiede zwischen den einzelnen Muskeln gefunden. Hingegen variiert der Vitamin-B_2-Gehalt (Riboflavin) zwischen den Muskeln einer Tierart. Insgesamt kann davon ausgegangen werden, dass 40 Prozent des verbrauchten Vitamins B_1 aus Fleisch stammten, wobei im Mittel über ein Drittel der empfohlenen Aufnahme gedeckt wird (Leonhardt, 1996). Im Gegensatz zu den Spurenelementen muss bei den Vitaminen aber beachtet werden, dass bei der Zubereitung hohe Verluste von bis zu 70 Prozent entstehen können.

FETT UND FETTSÄUREN

Im Unterschied zu Protein, Mineralstoffen und Vitaminen hat das Fett in der Wohlstandsgesellschaft der Industrienationen einen überaus schlechten Ruf. Es wird mit Übergewicht und anderen so genannten Zivilisationskrankheiten ursächlich in Verbindung gebracht. Fleisch wird nun oftmals unreflektiert als fettreiches Lebensmittel verdammt, obwohl der tatsächliche Fettgehalt von Muskelfleisch, mit Ausnahme von seltenen und teuren Spezialitäten wie z. B. «Kobe Beef», sehr gering ist. Durch Fortschritte in Zucht, Haltung und Fütterung der Tiere sowie durch den hierzulande üblichen mageren Zuschnitt wurde das im Verkauf angebotene Fleisch in den letzten Jahrzehnten deutlich fettärmer. Nach dem Schweizerischen Ernährungsbericht von 1998 liegt der Beitrag von Fleisch (zusammen mit Fleischprodukten) zum gesamten Fettverbrauch bei unter 20 Prozent.

Der Beitrag des Fleischkonsums zur Deckung des Nährstoffbedarfs

Das Fleisch in der Ernährung

Auch die verbreitete Annahme, dass das Fett im Fleisch überwiegend gesättigte Fettsäuren enthält, muss relativiert werden und trifft höchstens für die Fettgewebe von Wiederkäuern zu. Der Anteil an einfach und mehrfach ungesättigten Fettsäuren in Fleisch beträgt in der Regel deutlich über 55 Prozent und liegt in reinem Muskelfleisch besonders von Schwein und Geflügel teilweise deutlich höher. Ein besonderes Augenmerk gilt es auf Fettsäuren mit speziellen physiologischen Funktionen zu richten. Fleisch leistet zum Beispiel einen wesentlichen Beitrag zur Versorgung mit langkettigen, hochgradig ungesättigten Omega-3-Fettsäuren, die sonst nur noch mit Fisch und Fischprodukten aufgenommen werden. Diese langkettigen Omega-3-Fettsäuren stellen wichtige Bausteine unter anderem im Gehirn und in der Netzhaut des Auges dar, wirken entzündungshemmend und schützen vor Herz-Kreislauf-Erkrankungen. Sie können aus der kürzerkettigen Linolensäure, die zum Beispiel auch in Lein- und Rapsöl vorkommt, im Organismus synthetisiert werden. Da die Syntheserate aber beschränkt ist, kommt der Zufuhr mit der Nahrung eine besondere Bedeutung zu. Durch geeignete Fütterungs- und Haltungsmassnahmen, wie sie heute in einzelnen Markenprogrammen umgesetzt werden, lässt sich der Anteil dieser Fettsäuren und damit der ernährungsphysiologische Wert noch deutlich steigern.

Es muss erwähnt werden, das Fleisch typischerweise auch Arachidonsäure enthält, eine Omega-6-Fettsäure, die ein direkter physiologischer Gegenspieler der Omega-3-Fettsäure Eicosapentaensäure (EPA) ist. Arachidonsäure ist ebenfalls ein wesentlicher Bestandteil von Zellmembranen, insbesondere auch im zentralen Nervensystem. Auf der anderen Seite wirkt Arachidonsäure aber entzündungsfördernd, was bei entzündlichen Krankheitserscheinungen eine reduzierte Aufnahme an arachidonsäurereichen Lebensmitteln angezeigt erscheinen lässt.

Eine weitere hervorzuhebende Besonderheit tierischer Fette ist das Vorkommen eines spezifischen Isomers, der so genannten konjugierten Linolsäuren (CLA). Dieses Fettsäure-Isomer zeigte in Tierversuchen eine krebshemmende Wirkung, weshalb es in jüngster Zeit intensiv als wertvoller Wirkstoff diskutiert und untersucht wird. Dieses spezifische CLA Isomer und seine Vorstufe entstehen hauptsächlich bei der mikrobiellen Verdauung in den Vormägen der Wiederkäuer und kommen daher besonders in Fleisch sowie Milch und Milchprodukten von Rindern und Schafen vor. Bei der Vorstufe handelt es sich um eine besondere trans-Fettsäure, die im tierischen wie auch im menschlichen Organismus zu CLA transformiert werden kann. Dies dürfte auch eine Erklärung dafür sein, dass die allgemein als gesundheitlicher Risikofaktor geltenden trans-Fettsäuren als weniger schädlich zu erachten sind, wenn sie tierischer Herkunft sind, im Unterschied zu trans-Fettsäuren aus technisch gehärteten Pflanzen- und Fischölen.

CHOLESTEROL

Gesundheitsbedenken beim Fleischkonsum beziehen sich auch auf das Cholesterol. Cholesterol kommt in grösserer Menge aber nur in Innereien vor (z. B. Niere mit ca. 350 mg/100 g), während Fleisch ca. 50–70 mg/100 g enthält. Cholesterol wird als wichtiger Bestandteil von Zellmembranen im Organismus (auch im menschlichen) selbst gebildet. Seit längerem ist auch bekannt, dass Cholesterol aus der Nahrung bei gesunden Menschen nur einen geringen Einfluss auf den Serum-Cholesterol-Spiegel ausübt (Oh und Miller, 1985). Es wird vermutet, dass ein Rückkopplungsmechanismus vorliegt, der dafür sorgt, dass bei einem hohen Serum-Cholesterol-Spiegel weniger Cholesterol aus dem Darm absorbiert wird – und umgekehrt bei einem tiefen mehr. Nur bei Menschen, die einen genetisch bedingten LDL-Rezeptordefekt haben, scheinen diätische Massnahmen (Reduktion des Nahrungscholesterols) einen gewissen Erfolg zu versprechen (Simopoulos, 1997).

PURINE

Purine sind weitere in Fleisch enthaltene Stoffe, die im Zusammenhang mit gesundheitlichen Risiken kritisch gesehen werden. Purine werden ebenfalls vom Körper selbst produziert. Sie sind Bestandteil der Nukleinsäuren, also der Erbsubstanz, und somit für den Aufbau neuer Zellen notwendig. Daher kommen sie sowohl in tierischen wie auch in pflanzlichen Lebensmitteln vor, die einen hohen Proteingehalt aufweisen. Überschüssige Purine (endogen produziert oder über die Nahrung aufgenommen) werden zu Harnsäure abgebaut und ausgeschieden. Eine vermehrte Purinzufuhr führt zu einem Anstieg des Plasma-Harnsäure-Spiegels und somit zu gesteigerter Harnsäureausscheidung. Bei einer Störung des Purinstoffwechsels kann es zu einer Erhöhung des Harnsäurespiegels im Blut kommen (Hyperurikämie), was zu dem spezifischen Krankheitsbild der Gicht führen kann. Gicht ist eine Stoffwechselerkrankung, bei der eine genetische Veranlagung und bestimmte Ernährungsgewohnheiten zusammentreffen müssen, damit es zur krankhaften Entgleisung kommt. Die Purinzufuhr kann bei normaler Nahrung 700 mg/Tag erreichen, berechnet als Harnsäureäquivalente. Menschen mit genetischer Disposition sollten purinarme Kost mit nicht mehr als 300 Milligramm Harnsäureäquivalenten/Tag (streng purinarme Kost weniger als 100 Milligramm Harnsäureäquivalenten/Tag) erhalten. Vergleicht man diese empfohlenen Zahlen mit den Puringehalten von Fleisch und anderen Lebensmitteln, zeigt sich, dass der Puringehalt von Fleisch tiefer liegt als bei einigen Fischarten und Hülsenfrüchten. Für einen Menschen ohne genetische Disposition ist demnach eine Fleischmahlzeit von 100 bis 150 Gramm pro Tag unbedenklich. Bei Innereien sollte man vorsichtiger sein und diese nicht täglich konsumieren.

Fleisch leistet also einen bedeutenden Beitrag zur Versorgung mit lebenswichtigen Aminosäuren, Spurenelementen, Vitaminen und physiologisch-funktionell wirkenden Fettsäuren, ohne dass dies für Menschen ohne spezielle genetische Disposition mit einem gesundheitlichen Risiko verbunden ist. ■

Der richtige Umgang mit Fleisch

Das Fleisch in der Ernährung

Wo mit Freude gekocht wird, steht meistens auch Fleisch auf der Menükarte. Essen ist nach wie vor Kultur und nicht bloss Nahrungsaufnahme. Was gibt es Schöneres als eine festlich gedeckte Tafel mit Kerzenlicht im Freundeskreis? Aber was nützt eine noch so hoch stehende Kultur, wenn sich kleine Sünden schon bei der Vor- und Zubereitung einschleichen? Ein paar Tipps, damit aus jedem Essen eine kleine Feier wird.

DAS RICHTIGE KOCHGESCHIRR

Die Pfannen werden nach Grösse, Form und Verwendungszweck unterschieden. Die gebräuchlichsten Materialien sind Chromnickelstahl, nicht rostender Stahl, Gusseisen, Aluminium und verzinntes Kupfer. Hartes, widerstandsfähiges Kochgeschirr hat einen höheren Anschaffungspreis, dafür aber auch eine längere Lebensdauer.

Für den Umgang mit Fleisch eignen sich Gusseisen oder nicht rostender Stahl am besten. Diese Pfannen lassen sich hoch

erhitzen, leiten die Wärme gut, sind kratzfest und wenn man sie nicht fallen lässt, halten sie ein Leben lang. Bei richtiger Behandlung erreicht man mit einer Gusseisenpfanne dieselben Antihafteigenschaften wie mit einer Teflonpfanne. Fast alle diese Eigenschaften gelten auch für Stahlpfannen.

Teflonpfannen sind im Umgang mit Fleisch weniger zu empfehlen, da sie trotz allen Versprechungen weder hitzebeständig noch kratzfest sind. Benutzen Sie deshalb bei solchen Pfannen nur Holz- oder Kunststoffkellen. Ideal sind Teflonpfannen, um Gemüse oder gekochte Teigwaren zu sautieren.

Ein sinnvolles Kochgeschirr ist auch der Römertopf. In kaum einem anderen Behältnis lässt sich Fleisch mit Kartoffeln und verschiedenen Gemüsen so harmonisch und schonend zubereiten wie im Römertopf. Besonders erwähnenswert ist der elsässische «Baeckeofen», die glasierte Weiterentwicklung des Römertopfs.

SCHNEIDEN UND ZERKLEINERN

Die Messer sollten eine ihrem Zweck angepasste Grösse haben. Gut geschliffene Messer lassen ein leichteres Arbeiten zu und helfen, Verletzungen zu vermeiden. Die Anschaffung von qualitativ hoch stehenden Messern lohnt sich auf jeden Fall. Sie sollten nicht für andere Zwecke gebraucht werden. Teure Küchenmesser nie im Geschirrspüler waschen, da sie dort unkontrolliert hin und her bewegt werden und dadurch ihren Schliff verlieren. Aufbewahrt werden sie am besten in einem Messerblock, nie zusammen mit anderem Besteck in der Schublade, da dies ebenfalls den Schliff beeinträchtigt.

Die Schneideunterlage sollte gut abwaschbar und messerfreundlich sein. Am besten eignen sich Kunststoff und Holz. Völlig ungeeignet sind Unterlagen aus Glas, Stein oder Stahl.
Ein unentbehrliches Küchenutensil ist der Mörser. Kein Korianderpulver, kein gemahlener Pfeffer und kein Kümmelpulver werden je den Geschmack von frisch zerstossenen Körnern erreichen. Auch Rosmarin wird nie dasselbe Aroma abgeben, wie wenn er im Mörser fein zerstossen wird. Beim Kauf eines Mörsers sollte man auf eine schwere und stabile Ausführung achten. Am besten geeignet sind nicht zu kleine Stein- oder Eisenvarianten mit einem Stössel, der gut in der Hand liegt.

von Hansjürg Wüthrich,
Metzgermeister, Ostermundigen

EINKAUFEN UND LAGERN

Um optimal bedient zu werden, müssen Sie Ihrem Metzger vertrauen können. Wählen Sie einen Fachmann, der Ihre Bedürfnisse kennt, Sie kompetent berät, Ihnen Rezepte und Kochtipps abgibt und Spitzenqualität liefert. Kaufen Sie Ihr Fleisch am Ende Ihrer Einkaufstour, damit es nie über längere Zeit ungekühlt in der Einkaufstasche oder im Auto liegen bleibt. Reservieren Sie Ihre bevorzugten Fleischstücke im Voraus, achten Sie darauf, dass das Fleisch schön dressiert ist, und lassen Sie sich von Ihrem Metzgermeister erklären, wie es aufgeschnitten wird.

Vakuumiertes Fleisch sollte ungefähr eine halbe Stunde vor dem Anbraten aus der Folie genommen werden, damit sich der Fleischgeschmack besser entwickeln kann. Nehmen Sie die Fleischstücke immer eine Stunde vor dem Kochen oder Anbraten aus dem Kühlschrank. Der Hitzeschock wird dadurch vermindert und die Fettstoffe dringen viel weniger ins Fleisch ein. Tiefgefrorenes Fleisch immer über Nacht im Kühlschrank auftauen, es verliert so viel weniger Saft. Wenn es schnell gehen muss, das Fleisch in einen Plastikbeutel stecken, mit möglichst wenig Luft gut verschliessen und in kaltem Wasser auftauen.

Verwenden Sie immer eine saubere, leicht abwaschbare Unterlage, um Ihr Fleisch zuzubereiten. Nach dem Gebrauch die Unterlage sorgfältig reinigen, besonders, wenn darauf Pouletfleisch verarbeitet wurde.

WÜRZEN UND MARINIEREN

Marinaden setzen sich meistens aus drei Komponenten zusammen: aus einer Säure (Wein, Zitrussäfte, Essig oder auch Joghurt), um das Fleisch zart zu machen, aus Öl als Bindemittel und Schutz vor dem Austrocknen und aus Kräutern und Gewürzen.

Verwenden Sie für Ihre Marinaden immer frische Zutaten. Frische Zitrussäfte, Kräuter, Knoblauch etc. haben ein viel intensiveres Aroma und geben ihren Duft an das Fleisch ab. Wenn Sie Ihrer Marinade Aceto balsamico zugeben, werden Sie dessen einmalige, süss-herbe Note herausspüren. Joghurt hat in einer Marinde die einzigartige Eigenschaft, dass es sowohl geschmacksgebend und zart machend als auch feuchtigkeitsspendend wirkt. Dies ist besonders für Geflügel ideal.
Marinaden können sehr gut im Kühlschrank aufbewahrt werden. Für diesen Fall sollte mit frischen Zutaten sparsam umgegangen werden. Dazu Zwiebel, Knoblauch und frische Kräuter in wenig Olivenöl anschwitzen und getrocknete Kräuter verwenden. Diese werden ihren Geschmack später im Öl voll entfalten. Joghurt sollte für Marinaden, die längere Zeit aufbewahrt werden, nicht verwendet werden.

Wenn Sie frische Kräuter verwenden, geben Sie diese erst während oder nach dem Anbraten dazu. Auf diese Weise verbrennen sie nicht und ihr ganzes Aroma kommt voll zur Geltung. Frische Kräuter in feinen Saucen sind jedoch mit Vorsicht zu dosieren, da sie eine sehr starke Würzkraft entwickeln können. Es geht jedoch nichts über frische Kräuter in Marinaden, Grillsaucen oder als Kräuterbouquet zu Braten, Steaks oder Fisch.

Geben Sie einem ganz einfachen Trockenreis ein frisches Lorbeerblatt bei und Sie werden damit grossen Erfolg haben. Experimentieren Sie mit den Kräutern, Sie werden bald Ihren eigenen Stil entwickeln.
Wenn das Fleischstück mit Gewürzen und Kräutern eingerieben ist, sollte es mit wenig Olivenöl eingestrichen werden. Das schliesst die Oberfläche ab und bewahrt sie vor dem Austrocknen. Beim Würzen nach dem Anbraten lässt sich lediglich der Eigengeschmack des Fleisches ein wenig verfeinern oder in eine

Der richtige Umgang mit Fleisch

Das Fleisch in der Ernährung

andere Richtung lenken, was vor allem bei Entrecôtes oder Hohrückensteaks zu empfehlen ist.

Viele haben Angst, dass ihre Gerichte mit Chili zu scharf werden. Zu Unrecht, denn Chili kann sehr fein dosiert werden und Chilischoten können etwas entschärft werden, indem die Kerne und Rippen aus ihrem Innern entfernt werden. Es gibt davon sehr viele verschiedene Sorten, zu den schärferen gehören Cayenne, Habanero oder Scotch Bonnet. Diese Sorten sind geschmacklich eher eintönig. Als mittelscharf sind Jalapenos, DeArbol oder Bull's Horn Peppers zu bezeichnen. Milde Sorten sind Peperoni, die auch als Gemüse gegessen werden. Zu den milderen Varianten zählen auch Poblanos, New Mexican oder Pimentos. Solche milde Sorten eignen sich sehr gut zum Grillieren oder Füllen.

Als Gewürze sind in unseren Breitengraden die Sorten mit mittlerer Schärfe am geeignetsten. Viele italienische oder spanische Geschäfte, Thai und Asia Shops führen solche Chilisorten. Frische oder getrocknete Chilischoten eignen sich hervorragend zum Würzen und Abschmecken von Saucen und Marinaden. Getrocknete rote Chiliflocken sollten in keiner Küche fehlen. Das beste Aroma entlockt man ihnen, wenn man sie im Mörser zerstösst und mit Kräutern mischt.

SALZEN, GAREN UND ANBRATEN

Salzen vor oder nach dem Braten, hier gibt es kein Richtig oder Falsch. Es gilt einzig zu beachten, dass das Fleisch, wenn es im Voraus gewürzt oder mariniert wird, erst unmittelbar vor dem Anbraten gesalzen wird. Leber und Nieren werden prinzipiell erst nach dem Braten gesalzen. Kleine Fleischstücke wie Geschnetzeltes, Ragout und Hackfleisch erst nach dem Anbraten salzen, da sich dadurch der Saftverlust verringern lässt. Gewürzt kann das Fleisch gut einige Stunden oder sogar einen Tag im Voraus werden. Das gilt auch, wenn man einen Braten in Milch oder Wein einlegt. Das Salz kommt auch hier erst kurz vor dem Anbraten an das Fleisch. Fleisch, das in Bouillon oder sonst einer Flüssigkeit gegart wird, immer kochend aufsetzen, so laugt es nicht aus, die Poren werden sofort geschlossen und es bleibt saftig.

Verwenden Sie beim Anbraten genug Fettstoff: Sie werden ein viel besseres Resultat erzielen und bei temperiertem Fleisch wird die Fettaufnahme sehr gering sein. Giessen Sie das überflüssige Fett vor dem Ablöschen weg, damit Sie nur wenig davon in der Sauce haben. Ragouts, Geschnetzeltes oder Gehacktes in kleinen Portionen anbraten. Klein geschnittenes Fleisch kann vor dem Anbraten mit wenig Mehl bestäubt werden.

Allgemein gilt, je stärker angebraten wird, desto hitzebeständiger muss der Fettstoff sein, es empfiehlt sich ein hoch erhitzbares Fett oder Öl.

Nachfolgend einige Angaben über Fettstoffe und ihre optimalen Verwendungstemperaturen:

Butter	140 °C
eingesottene Butter	160 °C
Schweinefett	200 °C
Bratfett Maître Boucher	210 °C
Sonnenblumenöl	220 °C
Olivenöl	220 °C
Erdnussöl	230 °C
Frittierfett oder -öl	240 °C
Rapsöl	220 °C

Die Grundzubereitungsarten der Fleischgerichte

Das Fleisch in der Ernährung

von Philippe Volery,
eidg. dipl. Berufsschullehrer, Flamatt

Die Grundzubereitungsarten werden in zwei Hauptgruppen unterteilt: Die eine Gruppe eignet sich vor allem für zarte, die zweite für festere Fleischstücke.

Zarte Fleischstücke sind diejenigen mit wenig Bindegewebe (Collagen), weil sie vom Tier eher wenig beansprucht wurden. Bei diesen Fleischstücken stehen die Geschmacksbildung und der Erhalt

des Fleischsaftes im Vordergrund. Bei der Zubereitung sollte eine Kerntemperatur von 72 °C nicht überschritten werden. Nur Geflügel und Schweinefleisch brauchen höhere Temperaturen, da dieses Fleisch Parasiten oder Bakterien enthalten kann, die erst bei Temperaturen über 72 °C unschädlich gemacht werden.

Weniger zarte oder zähere Fleischstücke wurden vom Tier stark beansprucht und enthalten deshalb viel Bindegewebe. Bei der Zubereitung dieser Fleischstücke ist das Ziel, sie zart und gut kaubar zu machen. Die Kerntemperatur spielt nur eine Nebenrolle. Das lange Garen hat die Aufgabe, das Bindegewebe mit Hilfe von Hitze und Wasser in saftige, gut kaubare Gelatine umzuwandeln.

Die Qualität des Fleisches hängt stark von der Rasse, der Haltung, der Mast, der Schlachtung, der Reifung und der Lagerung ab. Da Fleisch sehr viele Proteine enthält, kann es bei unsachgemässer Lagerung rasch verderben. Der wichtigste Grundsatz ist, Fleisch immer kühl zu halten. Die Kühlkette darf nicht unterbrochen werden, die günstigste Kühltemperatur liegt bei 1–2 °C.

Bindegewebereiche Fleischstücke
(vom Tier stark beanspruchte Teile)
Hals
Schulter
Brust
Schenkel

Bindegewebearme Fleischstücke
(vom Tier wenig beanspruchte Teile)
Rücken/Filet/Entrecôte
Huft
Nuss
Schinken/Stotzen/Keule

Geeignete Grundzubereitungsarten sind …
Schmoren
Dünsten
Sieden
Sautieren
Grillieren
Braten
Backen im Ofen
Poelieren
Pochieren

Die Grundzubereitungsarten der Fleischgerichte

TYPISCHE GERICHTE	GEEIGNETE SORTEN

SCHMOREN

Typische Gerichte	Geeignete Sorten
■ Rindsschmorbraten mit einer Rotweinsauce und Pfifferlingen ■ Gefüllte glasierte Kalbsbrust ■ Ossobuco Cremolata ■ Rindskarbonade flämische Art ■ Lammragout	■ Grosse Fleischstücke (z.B. Lammschulter) ■ Portionierte Fleischstücke (z.B. Fleischvogel) ■ Ragouts (z.B. Pfeffer)

DÜNSTEN

Typische Gerichte	Geeignete Sorten
■ Ungarisches Gulasch ■ Kalbsfrikassee mit Salbei ■ Lammfrikassee mit Curry ■ Kutteln in Weissweinsauce	In Würfel geschnittenes helles (z.B. Kalbfleisch) oder dunkles Fleisch (z.B. Rindfleisch)

SIEDEN

Typische Gerichte	Geeignete Sorten
■ Siedfleisch mit Sauerkraut ■ Gesottene Kalbszunge an weisser Sauce ■ Siedfleischsalat ■ Kalbskopf Vinaigrette	■ Ganze Fleischstücke (z.B. Siedfleisch) ■ Blankett (z.B. Kalbsblankett) ■ Gepökeltes (z.B. Speck)

BRATEN

Typische Gerichte	Geeignete Sorten
■ Roastbeef ■ Gebratenes Kalbskarree mit Frühlingsgemüse ■ Schweinsbraten mit Dörrpflaumen ■ Gebratene Lammkeule mit Knoblauch ■ Gebratener Rindshuftdeckel	■ Braten im Ofen (z.B. Kalbsnierbraten) ■ Braten am Spiess (z.B. Schweinshals am Spiess) ■ Garen bei Niedertemperatur (z.B. Roastbeef)

von Philippe Volery,
eidg. dipl. Berufsschullehrer, Flamatt

KURZBESCHRIEB

Schmoren ist eine anspruchsvolle Zubereitungsart. Das Prinzip besteht darin, das Fleisch zuerst anzubraten (Sautieren in der Pfanne), um die Poren zu schliessen und Röstaromastoffe* entstehen zu lassen. Danach wird es zugedeckt im Ofen in einem kurzen braunen Fond am Siedepunkt fertig gegart.

*Maillard-Effekt. Die Proteine wandeln sich in Röstaromastoffe um.

TIPPS

- Der Garpunkt wird mit der Fleischgabel kontrolliert.
- Dunkles Fleisch mit Rotwein, helles Fleisch mit Weisswein ablöschen.
- Durch mehrmaliges Ablöschen wird die Sauce dunkler und kräftiger.

Dünsten ist ein feuchtes Garverfahren. Obwohl dem Schmoren sehr ähnlich, vermittelt diese Grundzubereitungsart durch das Fehlen der Röstbitterstoffe (das Fleisch wird nur leicht angedünstet) einen ganz anderen Geschmackseindruck. In einem ersten Schritt wird das Fleisch mit geschnittenen Zwiebeln angedünstet, ohne Farbe annehmen zu lassen. Wenn sich der austretende Fleischsaft und der Saft der Zwiebeln zu einer sirupartigen Flüssigkeit verdickt haben, Weiss- oder Rotwein beigeben und mit wenig Fond zugedeckt fertig dünsten.

- Bei sehr niederen Temperaturen dünsten.
- Am besten keine oder nur sehr wenig Fremdflüssigkeit beigeben, im eigenen Saft garen.
- Das Fleisch am Ende der Garzeit herausnehmen. Mitgedünstetes Gemüse mit dem Fleischsaft pürieren, um eine Sauce herzustellen.

Bei dieser Grundzubereitungsart wird das Fleisch bei Temperaturen knapp am Siedepunkt (ca. 98 °C) in einem dem Fleischstück entsprechenden Fond oder Wasser gegart, sodass das zähe Bindegewebe Flüssigkeit aufnimmt und sich in leicht kaubare Gelatine umwandeln kann. Aromaträger sind neben dem Fleisch und dem Fond Gemüsebündel und Gewürzsäcklein.

- Eine pikant gewürzte Sauce dazureichen.
- Kalt serviertes Fleisch im Kochsud auskühlen lassen.
- Den Fond nicht zu stark salzen, weiterverwenden.

Im Gegensatz zum Sautieren oder Grillieren wird das Bratenstück einer allseitigen Hitze (im Ofen oder am Spiess) ausgesetzt, damit es regelmässig von aussen nach innen garen kann. Aufgrund der grossflächigen Bildung von Röstaroma ist das Braten eine der schmackhaftesten Zubereitungen für zarte und grössere Fleischstücke. Bratenstücke werden immer von einem klaren oder leicht gebundenen Jus begleitet. Der Garpunkt wird mit Hilfe eines Fleischthermometers ermittelt, jedoch muss beachtet werden, dass das Fleisch noch eine Weile an der Wärme abstehen muss, damit ein Temperaturausgleich stattfindet.

Immer einen Bratenjus mit dem Bratensatz herstellen. Bratenjus wird unter die Fleischtranchen angerichtet. Niedertemperaturgaren eignet sich für ungelagertes Fleisch. Grundsatz ist langes Garen bei tiefen Temperaturen (zwischen 90 ° und 120 °C).

Die Grundzubereitungsarten der Fleischgerichte

TYPISCHE GERICHTE | **GEEIGNETE SORTEN**

SAUTIEREN

Typische Gerichte:
- Schweinskotelett mit einer Senfsauce
- Sautierte Lammchops nach provenzalischer Art
- Sautiertes Rumpsteak
- Sautierte Kalbsleber mit Schalotten
- Kalbspiccata

Geeignete Sorten:
- Sautieren von hellen Fleischteilen (z.B. Zürcher Geschnetzeltes)
- Sautieren von dunklen Fleischteilen (z.B. sautiertes Entrecôte)
- Sautieren von Fleisch in der Hülle (z.B. Wiener Schnitzel)

GRILLIEREN

- Grilliertes T-Bone-Steak
- Chateaubriand mit Sauce béarnaise
- Grillierte Kalbsnierenschnitten mit Senf
- Spareribs
- Grillierte Lammkoteletts

BACKEN IM OFEN

- Schweinsfilet im Teig
- Rindsfilet Wellington
- Schinken im Brotteig
- Saucisson im Briocheteig

POELIEREN

- Poeliertes Kalbskarree mit Madeira
- Poeliertes Kalbsfilet mit Steinpilzen
- Poeliertes Perlhuhn

POCHIEREN

Typische Gerichte:
- Milkenpastetchen
- Beinschinken mit Senf
- Geflügelbrust mit Rahmkräutersauce

Geeignete Sorten:

Pochieren von Innereien	(z.B. Milken)
Pochieren von Gepökeltem	(z.B. Schinken)
Pochieren von Geflügel	(z.B. Masthuhn)

Quelle: Lehrbuch der Küche, Pauli

von Philippe Volery,
eidg. dipl. Berufsschullehrer, Flamatt

KURZBESCHRIEB	TIPPS
Das Sautieren eignet sich nur für zarte und geschnittene Fleischstücke, deren Gardauer in der Regel nur einige Minuten beträgt. Beim Sautieren ist es wichtig, dass nach der Fertigstellung ohne Verzögerung serviert wird; damit kann eine Qualitätsverminderung durch Austrocknen vermieden werden. Da die Fleischstücke für den Einsatz eines Fleischthermometers zu dünn sind, muss durch die Fingerprobe ermittelt werden, ob das Fleisch genügend sautiert ist.	Heiss ansautieren und sofort mit der Temperatur zurückgehen. Sautiertes Fleisch einige Minuten an der Wärme stehen lassen.
Unter Grillieren versteht man das Garen auf einem in der Regel durch elektrische Energie, Gas oder Holzkohle erhitzten Rost. Wichtigste Voraussetzung ist ein sauberer und heisser Grill, damit beim Kontakt des Fleisches mit dem Grill die Proteine an der Oberfläche sofort gerinnen und kein Fleischsaft nach aussen dringen kann. Korrekt grillierte Produkte sind saftig und zeichnen sich durch eine braune, gut sichtbare rhombusartige (schräge Vierecke) Grillzeichnung aus. Zu Grilliertem serviert man frische Zitrone, Buttermischungen oder Buttersaucen, Gemüsesaucen oder Ähnliches.	Fleisch immer im Voraus mit frischen Kräutern und Öl marinieren. Fleischstück nicht im Voraus salzen. Nur auf der Glut grillieren, nie auf offenem Feuer.
Backen im Ofen ist eine trockene Garmethode für zarte, ganz belassene Fleischstücke. Typisch für diese Grundzubereitungsart ist, dass in der Regel das Fleischstück kurz angebraten (sautiert), anschliessend mit einer Farce (Füllung) bestrichen und mit einer Teighülle eingeschlagen wird. Dieses eingepackte Fleischstück wird im Ofen gebacken. Eine Ausnahme bildet dabei gepökeltes Fleisch, wie zum Beispiel Schinken. Dieser wird zuerst pochiert und anschliessend mit Teig eingepackt und gebacken.	Als Füllungen können auch Gemüse oder Pilze dienen. Als Teige eignen sich Blätter-, Hefe-, Strudel- oder geriebener Teig.
Poelieren ist eine Garmethode für zarte, ganz belassene Fleischstücke und vor allem Geflügel. Das Fleisch wird, ohne angebraten (sautiert) zu werden, zugedeckt bei 140–160 °C ausschliesslich im Fettstoff und im Mirepoix* gegart. Kurz vor dem Fertigstellen wird der Topf abgedeckt, damit das Fleisch leicht Farbe nehmen kann. Das Poelieren ist eine wenig angewendete Grundzubereitungsart, um ein saftiges und im Eigengeschmack hervorragendes Fleischstück zu erhalten. * In Würfel geschnittene Zwiebel, Karotten und Sellerie.	Oft mit Fettstoff übergiessen. Auf Fremdflüssigkeiten verzichten.
Pochieren ist ein feuchtes Garverfahren für zartes, helles Fleisch. Das Prinzip dieser Grundzubereitungsart besteht darin, das Fleisch in einer Flüssigkeit (Fond oder Wasser) bei einer Temperatur von 70–75 °C auf eine äusserst schonende Art zu garen. Sinnvoll ist das Pochieren vor allem dort, wo die Bildung von Röstaromen nicht erwünscht ist oder ein Fleischstück für eine weitere Zubereitung vorgegart werden muss.	So zubereitet, ist Fleisch leicht verdaulich, da kein Fettstoff verwendet wird. Der Sud/Fond wird sehr oft als Basis für die Saucenherstellung weiterverwendet.

Rezepte von Prominenten

Fleisch-Lieblingsrezepte von 20 Schweizer Spitzensportlern

Editorial von Didier Cuche

Über 30 Jahre betrieben meine Eltern das Restaurant «Bonne Auberge» in Les Bugnenets und so habe ich seit frühester Kindheit das Restaurantleben und die Freuden guter Küche geteilt.

Als gelernter Metzger kümmerte sich mein Vater selbst um das Fleisch. Er kaufte die Tiere ein und schlachtete sie. Damit habe ich Einblick in den Metzgerberuf gewonnen, was sicherlich nach dem Schulabschluss meine Berufswahl beeinflusst hat.

Also begann ich nach der Primarschule in Le Pâquier und der Mittelschule in Cernier im Kanton Neuenburg eine Lehre als Metzger in Auvernier, und zwar parallel zu meinem Aufstieg im Schweizer Skisport.

Da ich dann aber mit meiner körperlichen Vorbereitung, dem Training und mit dem Unterhalt meiner Sportgeräte ausgelastet war, habe ich meinen gelernten Beruf nicht mehr ausgeübt. Wenn es mir allerdings meine Zeit erlaubt, bereitet es mir noch immer Vergnügen, ein paar gute Kleinigkeiten zu kochen.

Ausserdem ermöglicht es mir mein Bruder, immer wieder zu meinen Wurzeln zurückzukehren. Er führt einen Biobauernhof als Familienbetrieb und produziert Natura-Beef. Wenn immer möglich, helfe ich dort in der Zeit der Heuernte aus.

Und schliesslich liebe ich es, zusammen mit meiner Familie und meinen Freunden gut zu tafeln. Da ich durch meine Reisen um die ganze Welt an die verschiedensten Küchen gewöhnt bin, macht es mir Freude, zu meinen Ursprüngen zurückzukehren. Deshalb schätze ich unsere traditionelle Küche mit einem guten Stück rotem Fleisch oder Natura-Beef.

Jörg Abderhalden

Schwinger, Nesslau

Kalbs-Cordon bleu nach Toggenburger Art

PERSÖNLICH

Jörg Abderhalden, ein ganz «Böser» unter den Schwingern, kann einen einzigartigen Erfolg verbuchen: Als Einziger in der Schwingergeschichte schaffte er es, die drei grossen Schwingfeste Eidgenössisches Schwingfest (1998 und 2004), Unspunnen-Schwinget (1999) und Kilchberg (2002) zu gewinnen. Privat gehört der 1979 geborene Toggenburger jedoch eher zu den «Zahmen», seine Ehefrau Andrea und sein Kind sind seine wichtigsten Stützen. Abseits vom Sägemehl pflegt der gelernte Schreiner mit Berufsmatura abwechslungsreiche Hobbys: Jassen, Skifahren, Reisen und Motorradfahren.

ZUTATEN

4–6	Kalbs-Cordons bleus (ohne Füllung)
	Mehl
1	Ei
	Paniermehl
1–2	Zitronen (Schnitz und Scheiben)
	Pfeffer aus der Mühle
	Salz
	Paprika
	Bratbutter

FÜLLUNG

20 g	Butter
1	Zwiebel, gehackt
1	Knoblauchzehe, gehackt
40 g	Schinken, in Würfel geschnitten
60 g	Toggenburger Käse, in Würfel geschnittten
	Petersilie, gehackt

TIPP

Zu den Cordons bleus passen beispielsweise Kartoffelsalat und verschiedene Blattsalate.

ZUBEREITUNG *(Rezept für 4–6 Personen)*

Für die Füllung die Zwiebel und die Knoblauchzehe in der Butter dünsten, Schinken beigeben und mitdünsten. Die Pfanne vom Feuer nehmen und den Käse dazugeben.

Cordons bleus etwas flach klopfen und mit Pfeffer, Salz und etwas Paprika würzen. Auf die eine Hälfte des Fleisches einen gehäuften Esslöffel Füllung geben, verschliessen und mit einem Zahnstocher fixieren. Die gewürzten Cordons bleus in Mehl wenden.

Ein Ei verquirlen und die gefüllten Cordons bleus darin wenden, danach im Paniermehl panieren. In Bratbutter bei mittlerer Hitze langsam schön goldgelb braten und mit Zitronen garniert servieren.

Martin Annen

Bobfahrer, Arth

Berner Platte

PERSÖNLICH

Mit seinem Team feierte der gelernte Käser Martin Annen in der Saison 2003 den Schweizermeistertitel im Zweier- und Viererbob. Die Erfolge an Schweizer-, Welt- und Europameisterschaften können sich sehen lassen: Weltcup-Gesamtsieger im Zweierbob (01/02 und 00/01) und im Viererbob (01/02), Bronze an der WM 2001 und an den Olympischen Winterspielen 2002 in Salt Lake City. Der erfolgreiche Bobfahrer, Ehemann und dreifache Vater mag es in seiner Freizeit etwas langsamer: Wandern, Geniessen der Natur und Handwerken gehören zu seinen Hobbys.

ZUTATEN

1 EL	Schweinefett oder Butterfett
1	grosse Zwiebel
1 kg	Sauerkraut
5–6	Wacholderbeeren
1 dl	Weisswein
3 dl	Wasser
750 g	Rippli oder Schüfeli
500 g	Magerspeck aus dem Rauch
1	Rindszunge (geräuchert, je nach Belieben)
4	Wienerli
1	Berner Zungenwurst
3–4	Gnagi
1–2	Schweinsohren oder -schwänzli
500 g	Rindfleisch zum Sieden
500 g	Markbein
1	Karotte
1	Stück Sellerie
1	Lauchstängel

TIPP

Zusammen mit Salzkartoffeln und Senffrüchten servieren.

ZUBEREITUNG *(Rezept für 6–8 Personen)*

Die in Streifen geschnittene Zwiebel in Schweinefett oder Butter glasig andünsten, ohne dass sie Farbe annimmt. Das gut ausgepresste (evtl. mit Wasser gespülte) Sauerkraut und die Wacholderbeeren beifügen, mehrmals wenden und mit Wein sowie 3 dl Wasser ablöschen. Speck und Rippli beifügen, zudecken und im Ofen oder auf dem Herd 1½ Stunden langsam gar werden lassen. Die Kochzeit hängt von der Grösse und der Qualität der Fleischstücke ab, deshalb mehrmals kontrollieren, damit das Fleisch nicht verkocht. 20 Minuten vor Ende der Kochzeit die Wurst unter das Kraut legen und mitkochen lassen. 5 Minuten vor dem Servieren die Wienerli dazugeben. In einem zweiten Topf die Rindszunge 3–4 Stunden in ungesalzenem Wasser ziehen lassen. Nach der halben Kochzeit Gnagi, Öhrli oder Schwänzli beifügen. In einem dritten Topf Bouillon aufsetzen, Rindfleisch zum Sieden beifügen, aufkochen lassen und dann den entstandenen Schaum abschöpfen. Eine Stunde lang am Siedepunkt ziehen lassen. Karotte, Lauch und Sellerie dazugeben und weich sieden (Garzeit insgesamt ca. 1 Std. 30 Min.). Das Rindfleisch mit Suppenknochen und Gemüsegarnitur ebenfalls getrennt zubereiten. Nach Belieben die Fleischbouillon im Voraus servieren. Das Fleisch in Portionen schneiden und über das gut abgetropfte Kraut geben.

Hans Burn

Behindertensportler Ski alpin, Krattigen

Mariniertes Pferde-Entrecôte

PERSÖNLICH

Hans Burn, gebürtiger Adelbodner, war als gelernter Automechaniker in der Industrie- und Maschinenmechanik tätig. 1983 wurde er als Achtzehnjähriger Opfer eines Verkehrsunfalls.
Seit über 20 Jahren gehört der Unterschenkelamputierte zum Nationalteam der Behindertensportler und war bereits bei fünf Olympischen Spielen dabei. Mittlerweile gehört der Familienvater aus Krattigen weltweit zu den erfolgreichsten Behindertensportlern aller Zeiten. Im Jahr 2004 holte er – zum wiederholten Male – den Weltmeisterschaftstitel in der Abfahrt und im Slalom.

ZUTATEN

4	Entrecôtes vom Pferd, je ca. 180 g
	Salz

MARINADE

8 EL	Erdnussöl
	Bärlauchblätter oder Knoblauch
	Pfeffer aus der Mühle

BÄRLAUCHÖL (SAUCE)

2 dl	Sonnenblumenöl oder Olivenöl
1 Hand voll	Bärlauchblätter
	Salz

TIPP

Dazu passen beispielsweise Bratkartoffeln, Kartoffelauflauf oder Bulgur.

ZUBEREITUNG *(Rezept für 4 Personen)*

Die Entrecôtes mit Marinade während ca. 1 Stunde marinieren. Überflüssiges Öl abtropfen lassen und das Fleisch salzen.

Das marinierte Fleisch entweder auf dem Holzkohlengrill oder in der Bratpfanne nach eigenem Gusto braten und mit frischen Saisonsalaten servieren.

Die Zutaten für das Bärlauchöl im Mixer pürieren. Diese Sauce hält sich im Kühlschrank während 7–10 Tagen frisch.

Didier Cuche

Skirennfahrer, Le Pâquier

Rindsfilet bleu an Senfsauce

PERSÖNLICH

Der dreissigjährige Skirennfahrer aus Le Pâquier NE sorgt regelmässig für Top-Ergebnisse in der Schweizer Nationalmannschaft. Er zählt Schweizermeistertitel, Weltcupsiege in verschiedenen Disziplinen und eine Liste von Top-Ten-Klassierungen zu seinen persönlichen Erfolgen. Der gelernte Metzger hat für seinen angestammten Beruf heute keine Zeit mehr, greift jedoch bei Gelegenheit gerne mal zum Kochlöffel. Als passionierter Sportler hält er es auch in seiner Freizeit nicht aus, ruhig zu Hause zu bleiben. Didier Cuche liebt Golf, Motorradfahren, Wasserski, Volleyball, Eishockey, aber auch Windsurfing.

ZUTATEN

4	Rindsfilets à ca. 180 g
	Pfeffer aus der Mühle
	Salz
1 EL	Bratbutter
1	Schalotte, fein gehackt
1	Salzgurke
2 EL	Senf
1 dl	Weisswein
1½ dl	Rahm
4 Scheiben	Brot
4 Scheiben	Rohschinken

TIPP

Als Beilage Ofenkartoffeln und glasierte Gurken und/oder einen gemischten, saisonalen Salat servieren.

ZUBEREITUNG *(Rezept für 4 Personen)*

Die Rindsfilets würzen, in der Butter beidseitig, je nach Dicke, ca. 4–8 Minuten braten, aus der Pfanne nehmen und zugedeckt warm stellen. Nochmals etwas Butter in den Fond geben und eine fein gehackte Schalotte darin glasig dünsten. Eine in Streifen geschnittene Salzgurke und Senf beifügen, mit Weisswein ablöschen, Rahm dazugiessen und die Sauce kochen lassen, bis sie sämig ist. Inzwischen die Brotscheiben in der Grösse der Fleischstücke im Toaster rösten. Auf die vorgewärmten Teller verteilen, mit je einer zusammengefalteten Scheibe Rohschinken und einem Filetstück belegen und die Sauce darüber verteilen.

Thomas Frischknecht

Mountainbikefahrer, Feldbach

Rindscarpaccio

PERSÖNLICH

Thomas Frischknecht, geboren am 17. Februar 1970, fährt seit 1990 erfolgreich als Profi Mountainbikerennen. 1996 feierte er seinen ersten Weltmeistertitel auf dem Mountainbike. Ein sportliches Highlight war der Gewinn der Silbermedaille an den Olympischen Spielen 1996 in Atlanta, USA. 2003 wurde Thomas Frischknecht Weltmeister am Mountainbikemarathon in Lugano und an den olympischen Spielen in Athen 2004 errang er den sechsten Platz. Der ehemalige Radquer-Juniorenweltmeister lebt zusammen mit seiner Frau und den drei Kindern am Zürichsee. Nebst der Familie und dem Sport gilt seine Liebe auch dem italienischen Wein: Er pflegt in der Freizeit seinen eigenen Rebberg in der Toskana und produziert Merlot.

ZUTATEN

500 g	Rindsfilet, sehr dünn geschnitten (roh)
	Pfeffer aus der Mühle
	Salz
2 EL	Olivenöl Extra Vergine
1 EL	Aceto balsamico di Modena
	Parmesan am Stück
	Kapernäpfel
	Rucola

TIPP

Herrlich als Beilage: frisch gebackene Olivenfocaccia oder Brot.

ZUBEREITUNG *(Rezept für 4 Personen)*

Das rohe, vom Metzger hauchdünn geschnittene Rindsfilet auf dem Teller fächerartig anrichten. Mit Salz und Pfeffer würzen, Rucola und Kapernäpfel darauf anrichten. Den gehobelten Parmesan darüber streuen und zum Schluss das Olivenöl und den Aceto balsamico gut verteilt darüber träufeln.

Werner Günthör

Kugelstosser, Erlach

Kalbsmedaillons an Morchelsauce auf grünen Spargelspitzen

PERSÖNLICH

Werner Günthör, mehrfacher Schweizermeister im Kugelstossen, begann nach seiner sportlichen Karriere eine Tätigkeit als Trainer und Repräsentant an der Fachhochschule für Sport (EFHS) in Magglingen. Der ehemalige Spitzensportler blickt auf eine erfolgreiche und lange Karriere zurück: 1. Plätze bei den Weltmeisterschaften in Rom (1987), Tokio (1991) und Stuttgart (1993), Dritter bei den Olympischen Spielen in Barcelona (1988), Europameister im Jahr 1986 und Hallenweltrekordhalter im Jahr 1987. Als populärer Schweizer Sportler wurde Werner Günthör dreimal zum Sportler des Jahres gewählt.

ZUTATEN

700 g	Kalbsfilet in 8 Medaillons geschnitten
	Speisefettcreme Le Maître Boucher
	Pfeffer aus der Mühle
	Salz
	Butter
500 g	grüne Spargeln, schräg in Scheiben geschnitten, jedoch die Spitzen nicht schneiden
	Salz

SAUCE

	Butter
1 EL	gehackte Zwiebeln
100 g	frische Morcheln, gewaschen, gerüstet und halbiert
1 dl	Weisswein
1,8 dl	Saucenrahm
	Pfeffer aus der Mühle
	Salz
etwas	Zitronensaft

TIPP

Als Beilage eignen sich beispielsweise Kartoffelgratin, Reis, Teigwaren oder neue Bratkartoffeln.

ZUBEREITUNG *(Rezept für 4 Personen)*

Medaillons würzen und im Bratfett beidseitig je 3–4 Minuten (je nach Dicke des Fleisches) bei mittlerer Hitze braten. Das Fleisch aus der Bratpfanne nehmen und im Ofen bei 80 °C warm stellen. Butter zum Bratensatz geben, Spargeln bei kleiner Hitze ca. 5–7 Minuten darin dünsten und mit Salz und Pfeffer abschmecken.

Für die Sauce die gehackten Zwiebeln in Butter dünsten, Morcheln zufügen, 1 Minute weiterdünsten, mit Weisswein ablöschen und die Flüssigkeit auf die Hälfte reduzieren. Saucenrahm dazugeben, aufkochen und mit Salz, Pfeffer und Zitronensaft abschmecken. Die Spargeln auf vorgewärmten Tellern verteilen, Medaillons darauf anrichten und mit der Sauce übergiessen.

Koni Hallenbarter

Langläufer, Obergesteln

Natura-Beef Rindsfilet mit Zwiebeln und Pfefferkörnern

PERSÖNLICH

Koni Hallenbarter, geboren am 1. Dezember 1953, lebt heute im Goms (Oberwallis) und betreibt zusammen mit seiner Ehefrau Clara ein Sportfachgeschäft, die Vasa-Bar und eine Langlaufschule. Im Sommer unterrichtet er Nordic Walking. Während der insgesamt 15 Jahre, in denen er Langlauf als Spitzensport betrieb, gewann er zahlreiche Preise. Seine grössten Erfolge: Sieger Vasa-Lauf (90 km), dreifacher Sieger des Engadiner Skimarathons, zweifacher Gesamtsieger World-Loppet, dreifacher WM- und Olympiateilnehmer und mehrfacher Schweizermeister.

ZUTATEN

4	Rindsfilets à 180 g
	Pfeffer aus der Mühle
	Salz
	Olivenöl
	Butter
3	Zwiebeln, fein gehackt
	Pfefferkörner, grob zerdrückt

TIPP

Als Beilage Bratkartoffeln servieren.

ZUBEREITUNG *(Rezept für 4 Personen)*

Rindsfilets mit Salz und Pfeffer würzen. In Olivenöl beidseitig ca. 4–8 Minuten saignant braten. Auf eine warme Platte legen. Viel Butter in die gleiche Pfanne geben, Zwiebeln andünsten und Pfefferkörner dazumischen. Fleisch auf warme Teller anrichten, mit der Zwiebel-Pfeffer-Butter übergiessen.

Bruno Kernen

Skirennfahrer, Faulensee

Emmentaler Filet

PERSÖNLICH

Bruno Kernen, geboren am 1. Juli 1972, fährt seit über zehn Jahren konstant in die Top Ten der Weltrangliste. Seinen grössten sportlichen Erfolg verzeichnete der gelernte Tiefbauzeichner 1997 in Sestrières, wo er Abfahrtsweltmeister und Vizeweltmeister Kombination wurde. An der Weltmeisterschaft 2003 in St. Moritz gewann er die Bronzemedaille und ebenfalls im Jahr 2003 die berühmt-berüchtigte Lauberhorn-Abfahrt in Wengen. Seine Hobbys sind Tennis, Golf und Wakeboard – in der rennfreien Zeit spielt er gelegentlich noch Rollhockey beim RHC Wimmis.

ZUTATEN

1 grosses	Schweinsfilet, ca. 500 g
2	Rüebli
$\frac{1}{2}$	Lauchstängel
150–200 g	Greyerzer rezent (am Stück)
100 g	Trockenfleisch
	Salz

MARINADE

2 EL	Öl
4 EL	Weisswein
	Senf
	Pfeffer aus der Mühle
	Salz
	Frischer Rosmarin

TIPP

Mit frischem Kartoffelpüree servieren.

ZUBEREITUNG *(Rezept für 4 Personen)*

Schweinsfilet so der Länge nach einschneiden, dass eine Tasche entsteht. Rüebli und Lauch in sehr feine Streifen schneiden und ins Filet einfüllen. Den Käse in lange Stücke schneiden, mit dem Trockenfleisch umwickeln und in die Filettasche auf das Gemüse legen. Das restliche Trockenfleisch auf der Füllung verteilen. Das Filet mit Fleischschnur satt zusammenbinden und mit der Marinade bestreichen. Den Ofen auf 250 °C vorheizen und dann das Filet hineinschieben. Sofort die Hitze auf 220 °C reduzieren und das Filet während 15 Minuten braten.

Natascia Leonardi-Cortesi

Langläuferin, Poschiavo

Chateaubriand

PERSÖNLICH

Natascia Leonardi-Cortesi, geboren am 1. Mai 1971, beweist in ihrer sportlichen Karriere Durchhaltevermögen und Disziplin. Die dreifache Olympiateilnehmerin (Bronzemedaille 2002 mit der Damenstaffel in Salt Lake City) und mehrfache Schweizermeisterin gewann im Jahr 2003 den Engadiner Skimarathon. Insgesamt kann Natascia Leonardi-Cortesi auf zahlreiche Erfolge im In- und Ausland zurückblicken. Die Tessinerin, sie lebt heute mit ihrem Ehemann Reto in Poschiavo, reist in ihrer Freizeit gerne, liebt Abenteuer über alles, betreibt Ausdauertraining sogar während der Ferien und liest gerne Krimis und Biografien.

ZUTATEN

800 g	Rindfleisch (2 Chateaubriands à 400 g)
	Pfeffer aus der Mühle
	Rosmarinzweige
	Erdnussöl
	Salz

SAUCE BÉARNAISE

100 g	Butter
2	Eigelb
1 dl	Weisswein
1	Schalotte, gehackt
	Pfefferkörner, zerdrückt
	gehackter Estragon
	Salz
	Zitronensaft

TIPP

Als Beilage Kartoffelrosetten und verschiedene Gemüse servieren.

ZUBEREITUNG *(Rezept für 4 Personen)*

Das Fleisch leicht flach drücken und mit Pfeffer, Rosmarin und Öl während ca. 2 Stunden marinieren. Überflüssiges Öl abstreifen, salzen und in der erhitzten Bratpfanne die Chateaubriands beidseitig goldbraun anbraten. Das Fleisch anschliessend auf ein Backblech legen und im auf 180 °C vorgeheizten Backofen ca. 15 Minuten fertig braten. Danach das Fleisch auf dem Brett zugedeckt während 10 Minuten ruhen lassen. Die Chateaubriands schräg gegen die Fasern in Streifen schneiden und auf warme Teller anrichten.

SAUCE BÉARNAISE

Butter in der Pfanne köcheln lassen, bis sie Blasen wirft, dann zur Seite stellen. Den Weisswein mit den Schalotten und den Pfefferkörnern auf einen Viertel der Menge einkochen, passieren, etwas abkühlen lassen und die Flüssigkeit zu den Eigelben giessen. Diese Masse in einer runden Chromstahlschüssel auf ca. 60 °C heissem Wasser (Bain-Marie) so lange schlagen, bis sie dickflüssig ist wie eine Creme. Salzen und etwas Zitronensaft dazugeben. Unter Rühren löffelweise die noch warme Butter in die Sauce mischen. Danach die Sauce béarnaise nicht mehr erhitzen, ansonsten scheidet sie. Die Sauce in z.B. eine ausgehöhlte, leicht gedämpfte Tomate füllen.

Ruedi Moser

Juniorentrainer BSC YB/FAC, Bern

Pouletbrüstli mit Rahm und Morcheln

PERSÖNLICH

Rudolf Moser, geboren am 1. November 1952, ist seit 1997 als technischer Leiter für den Nachwuchs des BSC Young Boys verantwortlich. Der passionierte Fussballtrainer begann seine fussballerische Karriere als Spieler beim FC Bern, später spielte er beim FC Bulle und beim FC Grenchen. Die Liebe zum Fussball bewegte ihn dazu, erst die Ausbildung zum Trainer, später zum Fussballinstruktor zu absolvieren. Als Ehemann und zweifacher Vater mag er es privat eher ruhiger und pflegt als Ausgleich zum hektischen Alltag gerne seinen Garten.

ZUTATEN

20 g	getrocknete Morcheln
2 dl	warme Hühnerbouillon
4	Pouletbrüstli à 150 g
1 EL	Bratbutter
	Pfeffer aus der Mühle
	Salz
2 dl	Rahm
2 EL	Rahm, geschlagen

TIPP

Dazu passen Nudeln und Marktgemüse nach Saison.

ZUBEREITUNG *(Rezept für 4 Personen)*

Die Morcheln mit der Bouillon übergiessen und ca. eine Stunde einweichen. Danach die Pilze halbieren, waschen und die Flüssigkeit durch ein feines Sieb in ein Gefäss abgiessen. Die Butter erhitzen und die gewürzten Pouletbrüstli ca. 5–7 Minuten je Seite goldbraun anbraten. Herausnehmen und warm stellen. Den Bratensatz in 1 dl der Morchelflüssigkeit ablöschen und fast vollständig einkochen lassen. Den Rahm dazugeben und so lange köcheln, bis eine sämige Sauce entsteht. Morcheln dazugeben und abschmecken. Die Pouletbrüstli beigeben, nochmals aufkochen lassen und den geschlagenen Rahm unterziehen.

Guido Müller

Rollstuhlsportler, Unterkulm

Gefülltes Lammrückenfilet an Portweinjus

PERSÖNLICH

Guido Müller, mehrfacher Medaillengewinner an Olympiaden und Weltmeisterschaften und Sieger des New York Marathon, ist seit einem Arbeitsunfall als 23-Jähriger querschnittgelähmt. Bereits als Fussgänger sehr sportlich, kam er bald nach seiner Rehabilitation zum Rollstuhlsport und begann eine sehr erfolgreiche Karriere. Der Familienvater lebt mit seiner Frau und den beiden Kindern in Unterkulm. Selbst in den wettkampffreien Zeiten braucht der gelernte Elektromonteur viel Bewegung. Er spielt Badminton, fährt Skibob, reist gerne und liebt das Zusammensein mit seiner Familie.

ZUTATEN

2	Lammrückenfilets (ca. 600 g)
3	Tomaten
4	Knoblauchzehen
	Pfeffer aus der Mühle
	Salz
8	Basilikumblätter

SAUCE

1 dl	Portwein
2 dl	Kalbsfond
30 g	kalte Butter
	Pfeffer aus der Mühle
	Salz

TIPP

Dazu passen beispielsweise Risotto, gedämpfte Tomaten oder Butternudeln.

ZUBEREITUNG *(Rezept für 4 Personen)*

Die Tomaten vierteln, entkernen und auf ein Backblech legen. Mit Salz und Pfeffer würzen, wenig Olivenöl und die zerdrückten Knoblauchzehen darauf streichen und im Ofen bei ca. 100 °C 2 Stunden trocknen lassen. Lammrückenfilets längs aufschneiden und aufklappen. Die getrockneten Tomaten enthäuten und auf das Fleisch legen. Frische Basilikumblätter und fein geschnittene Knoblauchscheiben darauf legen. Das Fleisch zusammenbinden und im heissen Öl während 4–5 Minuten anbraten. Im heissen Ofen bei 100 °C warm stellen. Den Bratensatz in der Pfanne mit dem Portwein ablöschen und zur Hälfte einkochen lassen. Den Kalbsfond dazugiessen und weiter einkochen lassen. In ein kleines Pfännchen absieben und die kalte Butter unter die Sauce schwenken. Mit Salz und Pfeffer abschmecken.

Marie-Theres Nadig

Skirennfahrerin, Flumserberg

Gefüllte Kalbsbrust

PERSÖNLICH

Marie-Theres Nadig ist eine der erfolgreichsten Rennfahrerinnen in der Geschichte des Skisports. 1972 wurde die Flumserin zweifache Olympiasiegerin in Sapporo und gewann 1981 den Gesamtweltcup. Im Laufe ihrer sportlichen Karriere gewann sie insgesamt 24 Weltcupprüfungen. Seit 2004 ist die 50-jährige Cheftrainerin des alpinen Frauenteams von Swiss Ski.
Marie-Theres Nadig begann vor zwanzig Jahren – als erste Frau in dieser Branche – ihre Arbeit als Chefin eines Männerteams (Liechtenstein) und wechselte vor zehn Jahren zu Swiss Ski.

ZUTATEN

800 g	Kalbsbrust
150 g	Kalbfleisch, durch den Fleischwolf gedreht (für die Füllung)
1,5 dl	Rahm
	Pfeffer aus der Mühle
	Salz
100 g	rote Bohnen
50 g	Kürbiskerne
20 g	Judasohrpilze, eingeweicht
2 EL	Mohn
1 EL	Bratbutter
1	Karotte
1/4	Sellerie
	Rosmarin
2 dl	Weisswein
2 dl	Bratensauce

TIPP

Nicht nur optisch ein Genuss: Kartoffelstock mit pürierten Erbsen vermischen und dazuservieren.

ZUBEREITUNG *(Rezept für 6 Personen)*

Die Kalbsbrust vom Metzger in ein Rechteck schneiden und nähen lassen. Das gehackte Kalbfleisch salzen und im Cutter pürieren. Rahm dazufügen und nochmals ca. 5 Sekunden lang pürieren, bis die Masse ganz fein ist. Diese Fleischmasse in eine Schüssel füllen und mit den roten Bohnen, Kürbiskernen, Judasohrpilzen und dem Mohn vermischen. Die Füllung auf die ausgebreitete Kalbsbrust geben, die Kalbsbrust zusammenfalten, mit Bindfaden zunähen und binden wie einen Rollbraten. Die gefüllte Kalbsbrust würzen, mit der Bratbutter im Bratgeschirr im Ofen anbraten. Dann Karotten, Sellerie und Rosmarin zufügen und zugedeckt ca. 45 Minuten garen lassen. Ab und zu mit Bratbutter begiessen. Dann den Deckel entfernen und mit Weisswein und Bratensauce ablöschen. Öfters begiessen, damit eine schöne Glasur entstehen kann. Nach weiteren 15 Minuten die Kalbsbrust aus dem Ofen nehmen, warm stellen, die Sauce passieren und abschmecken. Die gefüllte Kalbsbrust in Tranchen schneiden und mit der Sauce auf vorgewärmte Teller anrichten.

Christina Nigg

Boxerin, Thun

Saftplätzli mit Kartoffelgratin und Saisongemüse

PERSÖNLICH

Als erste Profiboxerin setzte Christina Nigg ein deutliches Zeichen für das Schweizer Frauenboxen. Sie gewann zahlreiche Amateur- und Profititel, 1998 den Weltmeistertitel und 1999 den Intercontinentaltitel im Superfedergewicht. Im beruflichen und persönlichen Alltag steht der Sport immer noch im Vordergrund. Die Powerfrau und Mutter von zwei Kindern gibt Kurse im Fitnessboxen für Frauen und Männer, leitet ein Fitnessstudio und arbeitet dazu noch 90 Prozent als Direktionssekretärin.

ZUTATEN

8	Saftplätzli (vom Metzger in feine Scheiben geschnitten)
2	Tomaten, in Scheiben geschnitten
8	Scheiben Speck, dünn geschnitten
8	mittelgrosse Champignons, in Scheiben
16	Perlzwiebeln
1	Zwiebel, gehackt
4 dl	Rotwein
	Pfeffer aus der Mühle
	Salz
4	Scheiben Toastbrot, herzförmig ausgestochen und getoastet (für die Dekoration)
	frische Petersilie

MARINADE

1 EL	Senf, grob
	Fleischgewürze
1 TL	Worcestersauce
1 TL	Zitronensaft
1	Knoblauchzehe, gepresst (nach eigenem Gutdünken auch mehr)
1 EL	Olivenöl

ZUBEREITUNG *(Rezept für 4 Personen)*

Alle Zutaten für die Marinade gut mischen und die Saftplätzli damit einstreichen und etwas ruhen lassen. Danach werden sämtliche Zutaten schichtweise in einen Bratentopf gefüllt: erst eine Schicht Plätzli, auf jedes Fleischstück jeweils eine Scheibe Speck, Tomaten, Champignons, Zwiebeln und Petersilie. Dann folgt die zweite Schicht Fleisch, bedeckt mit dem Speck, dem Gemüse und der Petersilie. Je nach eigenem Geschmack mit Rotwein aufgiessen und das Gericht während ca. 1 Stunde köcheln lassen (je nach Fleisch kann die Garzeit etwas variieren).

Als Beilage dazu eignet sich ein schmackhafter Kartoffelgratin, vorzugsweise ohne Käse, nur mit Halbrahm.

Simone Niggli-Luder

Orientierungsläuferin, Münsingen

Überbackene Pouletbrüstli

PERSÖNLICH

Simone Niggli-Luder, geboren am 9. Januar 1978, ist mit Matthias Niggli verheiratet und lebt im Moment in Schweden. Für ihren Beruf als Biologin hat sie heute keine Zeit mehr – zu sehr ist sie damit beschäftigt, sämtliche möglichen Titel zu erringen und alleine oder im Team Meisterschaften im Orientierungslauf zu gewinnen. Die aktuelle Weltranglistenerste kann bereits 13 Weltcupsiege, fünf Weltmeistertitel (4-faches Gold an den OL-Weltmeisterschaften 2003 in der Schweiz) und zahlreiche weitere Titel verbuchen.

ZUTATEN

4	Pouletbrüstli à 150 g
	Pfeffer aus der Mühle
	Salz
8 Scheiben	Frühstücksspeck
	Butter für die Form
½ Würfel	Bouillon in
½ dl	Wasser gelöst
1 dl	Saurer Halbrahm
1 dl	Halbrahm

TIPP

Dazu passt ausgezeichnet Wildreis, eventuell mit Lauch vermischt.

ZUBEREITUNG *(Rezept für 4 Personen)*

Pouletbrüstli würzen und mit Specktranchen umwickeln, Backofen auf 220 °C vorheizen. Eine Auflaufform ausbuttern, Pouletbrüstli hineinlegen, die Bouillon dazugiessen und im Ofen 10 Minuten schmoren lassen. Sauren Halbrahm und Halbrahm mischen, mit Pfeffer und Salz würzen.
Rahmgemisch über die vorgebackenen Pouletbrüstli giessen und nochmals für 10 Minuten in den Ofen schieben.

Markus Ryffel

Langstreckenläufer, Bern

Szegediner Gulasch mit Natura-Beef

PERSÖNLICH

Markus Ryffel, 48-jähriger Berner und zweifacher Familienvater, läuft heute noch leidenschaftlich gerne, auch auf den weltweit renommiertesten Marathonstrecken in New York, Helsinki oder London. An den Olympischen Spielen 1984 gewann Markus Ryffel die Silbermedaille über 5000 Meter und ging als erfolgreichster Läufer aller Zeiten in die Schweizer Sportgeschichte ein. Bereits seit 20 Jahren führt er zusammen mit seinem Bruder Urs die Ryffel Running Shops in Bern und Uster.
Laufinteressierten vermittelt er seine langjährigen Erfahrungen in Fitnesswochen und Workshops im In- und Ausland.

ZUTATEN

2 EL	Bratbutter
500 g	Natura-Beef (Schulterspitz), in Würfel von ca. 2 cm Kantenlänge geschnitten
3	Zwiebeln, in feine Scheiben geschnitten
½ EL	Tomatenpüree
½ EL	Paprikapulver
1½ dl	trockener Weisswein
½ TL	Kümmel, gut zermahlen
1 Zweig	Majoran
5 dl	Bouillon
500 g	gekochtes Sauerkraut
2 dl	Sauerrahm
	Pfeffer aus der Mühle
	Salz
	Cayennepfeffer
	«Streu Mi»

TIPP

Als Beilage zum Szegediner Gulasch passen hervorragend Salzkartoffeln oder frischer Kartoffelstock.

ZUBEREITUNG *(Rezept für 4 Personen)*

Das Fleisch mit Salz, Pfeffer und «Streu Mi» würzen. In einem Brattopf das Fett erhitzen und das gewürzte Fleisch zusammen mit den Zwiebeln andünsten. Tomatenpüree dazugeben, gut mischen, mit Paprikapulver bestäuben und mit Wein ablöschen. Den gemahlenen Kümmel, den Majoran und die Bouillon zufügen und für 30–40 Minuten in den auf 140 °C vorgeheizten Ofen stellen. Danach den Majoranzweig entfernen, das Sauerkraut dazugeben und zugedeckt während 40 Minuten im Ofen fertig garen. Das Gulasch einen Moment ruhen lassen, mit Sauerrahm verfeinern und mit Salz, Pfeffer und Cayennepfeffer abschmecken.

Christoph Sauser

Mountainbikefahrer, Sigriswil

Sizilianischer Rindfleischtopf

PERSÖNLICH

Der Mountainbikeprofi Christoph Sauser, geboren am 13. April 1976, sorgt regelmässig und international mit seinen Erfolgen für Furore. Das Mountainbikefieber packte ihn bereits früh. Als 15-Jähriger nahm er zum ersten Mal an einem Rennen teil, weitere Rennen folgten. Der gelernte Laborant fährt bereits seit 1996 im Profilager. Zu seinen grössten Erfolgen zählen der dritte Rang an der Olympiade 2000 in Sidney, zwei Vize-Weltcupsiege sowie fünf Schweizermeistertitel. Christoph Sauser ist rundum ein Sportfreak: Er fährt Ski und Snowboard, mag Schneeschuhlaufen, die Natur und Lesen.

ZUTATEN

4–8	dünne Rindsplätzli (z.B. Unterspälte oder runde Mocken)
2 EL	Senf
½ TL	Gusto Misto von Butty
	Pfeffer aus der Mühle
1 EL	Planta-Margarine
2	Zwiebeln, fein gehackt
	Thymian
2	rote Peperoni, gewürfelt
2	Zucchetti, in Würfel geschnitten
1 Hand voll	Oliven
1 Hand voll	Saubohnen
4	Artischockenböden, gekocht
1	Knoblauchzehe, gepresst
6	Speck in Tranchen
1 TL	Salz
1 dl	Rotwein
2 EL	Tomatenpüree
¾ dl	Bouillon

TIPP

Dazu passen beispielsweise Polenta, Teigwaren oder Risotto.

ZUBEREITUNG *(Rezept für 4 Personen)*

Senf, Gusto Misto und Pfeffer mischen, die Plätzli beidseitig bestreichen und ruhen lassen.

Die Margarine im Bratentopf erhitzen. Das Gemüse beifügen und 5 Minuten lang dünsten. Danach wird das Gemüse herausgenommen und beiseite gelegt.

Den Boden des Bratentopfes mit Specktranchen auslegen. Danach die Plätzli einzeln mit Salz würzen und lagenweise mit dem gedämpften Gemüse einschichten. Rotwein darüber giessen, den Bratentopf in den auf 180 °C vorgeheizten Ofen stellen und die Plätzli 30 Minuten schmoren. Tomatenpüree und Bouillon mischen, zum Fleisch giessen und zugedeckt nochmals 40 Minuten schmoren.

Vreni Schneider

Skirennfahrerin, Elm

Kalbfleisch mit Auberginenspiess

PERSÖNLICH

Die 1964 geborene Elmerin kann auf eine eindrückliche Sportkarriere zurückblicken. Die sportliche Bilanz, die sie bei ihrem Rücktritt 1995 ziehen konnte, ist aussergewöhnlich: fünf olympische Medaillen (davon drei Gold), drei Weltmeisterschaftstitel, drei Gesamtweltcupgewinne und neun Schweizermeistertitel. Insgesamt war die Schweiz dank Vreni Schneider 100-mal auf dem Treppchen bei einer Rangverkündigung mit dabei. Heute betreibt die Sportlerin des Jahrhunderts zusammen mit ihrem Mann eine Ski-, Snowboard- und Rennschule in Elm und geniesst das Familienleben.

ZUTATEN

320 g	Kalbfleisch (Huft)
1	Aubergine
8	Kirschtomaten
	Pfeffer aus der Mühle
	Salz
1 TL	Oliven
1	Minibaguette
1 TL	Kräuterbutter

SAUCE

50 g	Crème fraîche oder Sauerrahm
1 TL	Mangochutney
2 TL	Mayonnaise
1/2 TL	Currypulver
	Pfeffer aus der Mühle
	Salz

TIPP

Auf ein feines Ragout von roten und gelben Peperoni anrichten. Die Sauce in eine ungespritzte Tulpe einfüllen.

ZUBEREITUNG *(Rezept für 4 Personen)*

Das Kalbfleisch in Würfel (2 cm) schneiden. Die Aubergine putzen, waschen und ebenfalls in grosse Würfel schneiden. Die Kirschtomaten waschen und die Stielansätze herausschneiden. Kalbfleisch, Tomaten und Auberginenwürfel abwechselnd auf Spiesse stecken und rundherum mit Salz und Pfeffer aus der Mühle würzen. Eine Grillpfanne erhitzen und mit wenig Erdnussöl bestreichen. Die Spiesse darauf legen und rundherum grillen. Dabei ab und zu wenden. Das Minibaguette in Scheiben schneiden, mit Kräuterbutter bestreichen und mitgrillen. Für die Sauce alle Zutaten vermischen und mit Salz und Pfeffer abschmecken. Die Sauce auf Teller verteilen und die Spiesse daraufsetzen. Das Kräuterbaguette dazulegen und servieren.

Renato Tosio

Eishockeyspieler, Haldenstein

Hirschmedaillons mit Aceto balsamico und Schokolade

PERSÖNLICH

Renato Tosio, Torhüterlegende beim SC Bern, geboren am 16. November 1964. Als Ehemann und dreifacher Papa mag es der ehemalige Torhüter auch privat lebhaft und abwechslungsreich. Nebst dem Familienleben pflegt der gelernte Hochbauzeichner und Bauleiter seine Hobbys: Golfen, Wandern, Biken und Surfen. Mit dem SC Bern wurde der 870-fache Nationalligaspieler viermal Schweizermeister. Nach seiner langjährigen und sehr erfolgreichen sportlichen Karriere arbeitet er heute als Projektleiter in einer Marketingagentur für das Schweizer Eishockey.

ZUTATEN

600 g	Hirschentrecôte
	Pfeffer aus der Mühle
	Salz
1 EL	Bratbutter

SAUCE

1 dl	Rotwein
4 EL	Aceto balsamico
1 dl	Bratensauce
1	Lorbeerblatt
20 g	dunkle Schokolade
20 g	Butter
	Pfeffer aus der Mühle
	Salz

TIPP

Als Beilage beispielsweise Polenta, Maroni, Rosenkohl, Feigen und Preiselbeeren servieren.

ZUBEREITUNG *(Rezept für 4 Personen)*

Das Hirschentrecôte in gleich grosse Medaillons schneiden und mit Salz und Pfeffer würzen. In der Bratpfanne beidseitig ca. 3 Minuten lang anbraten und danach die Medaillons aus der Bratpfanne nehmen und warm stellen. Für die Sauce den Bratensatz mit Rotwein, Aceto balsamico und Bratensauce ablöschen, das Lorbeerblatt dazugeben und die Flüssigkeit auf einen Drittel einkochen. Die Sauce mit Schokolade und Butter vollenden, abschmecken und nicht mehr kochen lassen. Die Medaillons in feine Tranchen schneiden. Auf vorgewärmte Teller anrichten und mit der Sauce über- und umgiessen.

Jacqueline Walcher-Schneider

Wasserspringerin, Schwägalp (Säntis)

Pouletbruststreifen auf frischem Salat

PERSÖNLICH

Die 32-jährige Jacqueline Walcher-Schneider wechselte erst mit 16 Jahren vom Geräteturnen zum Wasserspringen. Bereits zwei Jahre später konnte sie ihren ersten nationalen Erfolg feiern, als sie den Schweizermeistertitel errang – einen von insgesamt 14 Schweizermeistertiteln in Folge. An Olympischen Spielen und Weltmeisterschaften gewann sie regelmässig Diplome. Auch im Privatleben ist die heutige Wellness- und Fitnesstrainerin kaum zu bremsen: Zusammen mit ihrem Mann geniesst sie ihre Freizeit mit Bergsteigen, Biken, Inlineskaten, Joggen oder Snowboarden.

ZUTATEN

600 g	Pouletbrüstchen
	Pfeffer aus der Mühle
	Meersalz
1 EL	Bratbutter

SAISONSALAT IM WINTER

2	Chicorino rosso
100 g	Linsen gekocht
4	Orangen, abgeriebene Schale und filetierte Schnitze

SALATSAUCE

6 EL	Baumnussöl
4 EL	weisser Aceto balsamico
	Pfeffer aus der Mühle
	Salz

ZUBEREITUNG *(Rezept für 4 Personen)*

Die Pouletbrüstchen in Streifen schneiden und mit Salz und Pfeffer würzen. In der heissen Bratpfanne die Bratbutter erhitzen und das Pouletfleisch darin goldbraun braten. Danach das Fleisch aus der Pfanne nehmen und warm stellen.

Den Chicorino rosso gründlich waschen, rüsten und auf Teller anrichten.
Die noch heissen Linsen mit der Sauce vermischen und auf dem Chicorino rosso verteilen. Die noch warmen Pouletstreifen darüber verteilen und mit den Orangenfilets und der abgeriebenen Orangenschale dekorieren.

Adrian Wichser

Eishockeyspieler, Lugano

Filetgulasch Stroganoff

PERSÖNLICH

Der am 18. März 1980 geborene Adrian Wichser spielt seit der Saison 2002 als Stürmer beim HC Lugano. Seinen grössten Erfolg verzeichnete er mit seiner aktuellen Mannschaft, als er im Jahr 2003 Schweizermeister wurde. Bereits als sehr junger Eishockeyspieler konnte er in der U18- und der U20-Nationalmannschaft Erfolge feiern. Der ledige Stürmer mag es auch bei seinem Hobby rasant: nämlich als Zuschauer bei Pferderennen.

ZUTATEN

600 g	Rindsfiletspitz oder gut gelagertes Huftstück
20 g	Bratbutter
	Pfeffer aus der Mühle
	Salz

SAUCE

1	Zwiebel
2 EL	grobkörniger Senf
8	Salzgurken
100 g	Champignons
100 g	Peperoni
1 EL	Paprika
1 dl	Weisswein
1 dl	Bratensauce
2,5 dl	Saurer Halbrahm
	Pfeffer aus der Mühle
	Salz
	Schnittlauch für die Dekoration

TIPP

Köstlich dazu: frische Safrannudeln.

ZUBEREITUNG *(Rezept für 4 Personen)*

Das Fleisch in fingerdicke Stücke schneiden, die Zwiebel fein hacken, die Salzgurken in feine Streifen und die Peperoni in kleine Würfel schneiden.

Danach das Fleisch in der Bratbutter während ca. 1 Minute scharf anbraten, würzen, aus der Pfanne nehmen und warm stellen.

Die Zwiebel im Bratensatz glasig dünsten. Senf, Salzgurken und Peperoniwürfel dazu geben und kurz mitdünsten. Mit Paprika würzen und mit Weisswein ablöschen. Danach die Bratensauce zufügen und aufkochen. Dann den sauren Halbrahm dazugeben, vermischen und mit Salz und Pfeffer abschmecken.

Das Fleisch zurück in die Sauce geben, kurz erhitzen, anrichten und mit Schnittlauch dekorieren.

Stichwortverzeichnis

Autoren und Quellen

Verzeichnisse

Autor	Beitrag	Seiten	Grafiken	Quellen
Baumann Kurt Reber AG 3550 Langnau	Die Gewinnung von Frischfleisch Die Herstellung von Fleischerzeugnissen	84 bis 85 86 bis 89		
Bucher Heiri Schweizerischer Bauernverband (SBV), 5201 Brugg	Das Rind	20 bis 23	Endproduktion der Landwirtschaft 2002 Rindviehbestände 1966 bis 2003 Mutterkuh- und Milchkuh-bestand 1990 bis 2003	Schweizerischer Bauernverband (SBV), Brugg Schweizerischer Bauernverband (SBV), Brugg Schweizerischer Bauernverband (SBV), Brugg
Dr. Charrière Roland Bundesamt für Gesundheit (BAG) 3003 Bern	Die gesetzlichen Grundlagen der Lebensmittelkontrolle	80 bis 83		
Dual Fleckenstein Christine Ernährungswissenschafterin 8126 Zumikon	Der Stellenwert vom Fleisch im Speiseplan	116 bis 119	Nahrungsmittelpyramide	Konzept: Dual/Emmenegger, Illustration: SVE Schw. Vereini-gung für Ernährung
Literatur: Schweizerische Gesundheitsbefragung 1997 (Eichholzer, Bisig, et. Al.); Nutritio Nestlé, 2/01; FEEL-GOOD Kampagne, Migros Genossenschaftsbund				
Gerber Nadine Eidg. Technische Hochschule (ETH) 8092 Zürich	siehe Wenk, Caspar	120 bis 123		
Girardet Giorgio Historiker, 8633 Wolfhausen	Die Geschichte vom Fleisch	10 bis 17	Fasten- und Fleischzeiten im Kirchenjahr Big Mac Index	Giorgio Girardet, Wolfhausen The Economist, London
Dr. Häsler Stephan Bundesamt für Veterinärwesen (BVET), 3003 Bern	Strenge Kontrollen bei der Schlachtung	78 bis 79		
Herzog Ernst Migros Genossenschaftsbund 8005 Zürich	Das Wild	44 bis 47		
Hofer Peter Suisseporcs, 6204 Sempach	Das Schwein	26 bis 29	Zuchtprogramm mit Mutter- und Vaterlinien Entwicklung des Schweine-bestandes seit 1980	SUISAG, Sempach Schweizerischer Bauern-verband (SBV), Brugg
Dr. Horber Balz Verband Schweizer Metzgermeister (VSM), 8049 Zürich	Der schweizerische Fleischmarkt	70 bis 73		
Dr. Kennel-Hess Regula Proviande, 3001 Bern	Die Konsumgewohnheiten und das Image von Fleisch	92 bis 95	Änderungen im Konsum von Fleisch und Fleisch-erzeugnissen Entwicklung in der Häufig-keit des Fleischkonsums Rangfolge der am häufigsten verwendeten Fleischsorten Qualitätsbeurteilung von Schweizer Frischfleisch in der Gastronomie Hauptkriterien beim Einkauf von Fleisch im Privathaushalt 2001 Beurteilung des Gesund-heitswertes von Fleisch	Proviande, Bern Proviande, Bern Proviande, Bern Proviande, Bern Proviande, Bern Proviande, Bern

Autoren und Quellen

Verzeichnisse

Autor	Beitrag	Seiten	Grafiken	Quellen
Künzler Roland Landwirtschaftliche Beratungs-zentrale (LBL), 8315 Lindau	Ökologische Aspekte und Qualität	62 bis 65	Entwicklung der Anzahl Produzenten im «QM-Schweizer Fleisch»	Geschäftsstelle «QM-Schweizer Fleisch», Brugg
Kyburz Hansruedi 5242 Lupfig	Das Kaninchen	48 bis 49	Herkunft des Kaninchenfleisches	Schweizerischer Rassen-kaninchen-Zuchtverband (SRKV), Orpund
Dr. Loretz Claudia Beratungs- und Gesundheitsdienst für Kleinwiederkäuer (BGK), 3360 Herzogenbuchsee	Die Ziege	38 bis 41	Entwicklung des Ziegen-bestandes seit 1866	Bundesamt für Statistik (BFS), Neuchâtel
Dr. Lüchinger Wüest Rita Beratungs- und Gesundheitsdienst für Kleinwiederkäuer (BGK), 3360 Herzogenbuchsee	Das Lamm/Schaf	34 bis 37	Entwicklung des Schaf-bestandes seit 1866 Fleischkonsum 2003	Bundesamt für Statistik (BFS), Neuchâtel Proviande, Bern
Lüth Anja Verband Schweizer Pferdezucht-organisationen (VSP), 1580 Avenches	Das Pferd	42 bis 43	Verbreitung von Haltungs-systemen in der Schweiz bezogen auf den Anteil der darin gehalteren Pferde Schlachtungen nach Rassen Schlachtungen nach Altersgruppen	Bachmann I., Stauffacher M. (2002). Verband Schweizer Pferde-zuchtorganisationen (VSP), Avenches Verband Schweizer Pferde-zuchtorganisationen (VSP), Avenches
Literatur: Haltung und Nutzung von Pferden in der Schweiz. Eine repräsentative Erfassung des Status quo. Schweiz. Arch. Tierheilk., 144, 331–347.				
Mettler Alois Agrarberatung, 3038 Kirchlindach	Das Geflügel	30 bis 33		
Dr. Meyre Sibylle Schweizerischer Kälbermäster-Verband (SKMV), 3001 Bern	Das Kalb	24 bis 25	Kälberschlachtungen in der Schweiz	Bundesamt für Statistik (BFS), Neuchâtel
Neuenschwander Niklaus Bundesamt für Landwirtschaft (BLW), 3003 Bern	Die gesetzlichen Vorschriften	56 bis 57		
Dr. Scheeder Martin Eidg. Technische Hochschule (ETH), 8092 Zürich	siehe Wenk Caspar	120 bis 123		
Schlatter Peter Ausbildungszentrum für die Schweizer Fleischwirtschaft (ABZ), 3700 Spiez	Das ABC der Fleischfachleute	74 bis 77	Ausbildungsschema Fleischfachleute Ausbildungspyramide	Peter Schlatter, ABZ Spiez Peter Schlatter, ABZ Spiez
Schletti Jürg Proviande, 3001 Bern	Die Schweizer Viehwirt-schaft im Umbruch Die Entwicklung des Fleischkonsums	52 bis 55 90 bis 91	Entwicklung der Schweine-halter nach Bestandesgrösse Vergleich Schweiz–EU: Entwicklung des Fleisch-konsums 1980 bis 2002 (Schweinefleisch und Geflügel)	Proviande, Bern Proviande, Bern
Schneider Michael Proviande, 3001 Bern	siehe Schletti Jürg	90 bis 91		
Schneider Peter Proviande, 3001 Bern	Die beliebtesten Fleischstücke	98 bis 113		

Autoren und Quellen
Verzeichnisse

Autor	Beitrag	Seiten	Grafiken	Quellen
Dr. Stauffacher Markus Eidg. Technische Hochschule (ETH), 8092 Zürich	Der Tierschutz	58 bis 61	Anforderungen an die Fütterung und Haltung von Kälbern	Siehe nachfolgende Literatur
			Anforderungen an die Fütterung und die Haltung von Galtsauen	Siehe nachfolgende Literatur

Literatur:

• Richtlinie 91/629/EWG des Rates vom 19. November 1991 über Mindestanforderungen zum Schutz von Kälbern (ABl. EG Nr. L 340 S. 28) • Richtlinien 97/2/EG des Rates vom 20. Januar 1997 zur Änderung der Richtlinie 91/629/EWG über Mindestanforderungen zum Schutz von Kälbern (ABl. EG Nr. L 25 S.24) • Entscheidung 97/182/EG der Kommission vom 24. Februar 1997 zur Änderung des Anhangs der Richtlinie 91/629/EWG über Mindestanforderungen zum Schutz von Kälbern (ABl. EG Nr. L 76 S. 30) • Richtlinie 91/630/EWG des Rates vom 19. November 1991 über Mindestanforderungen zum Schutz von Schweinen (ABl. EG Nr. L 340 S. 83) • Richtlinie des Rates vom 23. Oktober 2001 zur Änderung der Richtlinie 91/630/EWG über Mindestanforderungen zum Schutz von Schweinen, im Druck • Richtlinie 98/58/EG des Rates vom 20. Juli 1998 über den Schutz landwirtschaftlicher Nutztiere (ABl. L 221 S. 23) • The Welfare of Farmed Animals (England) Regulations 2000. Statutory Instrument 2000 No. 1870 • The Welfare of Pigs Regulations in the Netherlands (1998). Ministry of Agriculture, Nature Management and Fisheries • Tierschutzgesetz der Bundesrepublik Deutschland (1972) in der Fassung der Bekanntmachung vom 25. Mai 1998 (BGBl. I S. 1105) • Tierschutzgesetz vom 9. März 1978. Schweiz. Gesetzessammlung SR 455

Autor	Beitrag	Seiten	Grafiken	Quellen
Steffen Liselotte Konsumentenforum (kf), 8049 Zürich	Labelprogramme: der Tatbeweis für tiergerechte Haltung	66 bis 67		
Volery Philippe Eidg. dipl. Berufsschullehrer, 3175 Flamatt	Die Grundzubereitungsarten der Fleischgerichte	128 bis 133	Grundzubereitungsarten	Lehrbuch der Köche, Pauli
Prof. Dr. Wenk Caspar Eidg. Technische Hochschule (ETH), 8092 Zürich	Der Beitrag des Fleischkonsums zur Deckung des Nährstoffbedarfs	120 bis 123		

Literatur:

• Barth, C.A. und Schoppe, I. 1990. Ernährungsphysiologische Bedeutung der Purine. Lebensmittelchem. Gerichtl. Chem. 44: 39–40. • Leonhardt, M. 1996. Lean Meat as a Source of Trace, Elements and Vitamins in Switzerland and Efficacy of Feeding Supplemental Vitamin E and C. Diss. ETH No. 11704. • Mulvihill, B., Kirwan, F. M., Morrissey, P. A. and Flynn, A. 1998. Effect of myofibrillar muscle proteins on the in vivo bioavailability of non-haem iron. International Journal of Food Sciences and Nutrition 49: 187–192. • Oh, S.H. and Miller, L.T. 1985. Effect of Dietary Egg on Variability of Plasma Cholesterol Levels and Lipoprotein Cholesterol. American Journal of Clinical Nutrition 42: 421–431. • Schlotke, F. und Sieber, R. 1998. Berechnung des Verbrauchs an Nahrungsenergie, Energieträgern, Nahrungsfasern, Vitaminen, Mineralstoffen und Spurenelementen. In: Vierter Schweizerischer Ernährungsbericht. Herausgeber: BAG, EDMZ, Bern. • Simopoulos, A.P. 1997. Diet and Gene Interactions. Food Technology 51: 66–69. • Souci, S.W., Fachmann, W. und Kraut, H. 2000. Die Zusammensetzung der Lebensmittel-Nährwerttabelle 2000. Fünfte, revdierte und ergänzte Auflage. Wissenschaftliche Verlagsgesellschaft mbh Stuttgart.

Autor	Beitrag	Seiten	Grafiken	Quellen
Wüthrich Hansjürg Metzgermeister 3072 Ostermundigen	Der richtige Umgang mit Fleisch	124 bis 127		
Dr. Zemp Markus Proviande, 3001 Bern	Die Schweizer Viehwirtschaft im Umbruch	52 bis 55	Entwicklung der Schweinehalter nach Bestandesgrösse	Proviande, Bern